O NOVO MARKETING JURÍDICO

CIP-BRASIL. CATALOGAÇÃO NA PUBLICAÇÃO
SINDICATO NACIONAL DOS EDITORES DE LIVROS, RJ

M873n

    Motta, Alexandre, 1970-
        O novo marketing jurídico : possibilidades e aplicabilidades das ferramentas de marketing jurídico baseadas no provimento 205/2021 / Alexandre Motta. - 1. ed. - São Paulo : Letras Jurídicas, 2021.
        184 p. ; 23 cm.

    ISBN 9786589565192

    1. Marketing jurídico. 2. Ética profissional. 3. Ética jurídica. I. Título.

21-72628
                    CDU: 34:658.8

Leandra Felix da Cruz Candido - Bibliotecária - CRB-7/6135

16/08/2021 18/08/2021

ALEXANDRE MOTTA

O NOVO MARKETING JURÍDICO

1ª Edição – 2021 – São Paulo - SP

© Alexandre Motta

© Letras Jurídicas Editora Ltda. – EPP

Projeto gráfico, diagramação e capa
Rita Motta e Ryan Dias – www.editoratribo.blogspot.com

Revisão
Alexandre Motta

Editor
Claudio P. Freire

1ª Edição – 2021 – São Paulo-SP

Reservados a propriedade literária desta publicação e todos os direitos para Língua Portuguesa pela LETRAS JURÍDICAS Editora Ltda. – EPP.

Tradução e reprodução proibidas, total ou parcialmente, conforme a Lei nº 9.610, de 19 de fevereiro de 1998.

LETRAS JURÍDICAS
Rua Eduardo Prado, 28, Vila Bocaina.
CEP: 09310-500 – Mauá/SP.
Telefone: (11) 3107-6501 | (11) 9-9352-5354
Site: www.letrasjuridicas.com.br
E-mail: vendas@letrasjuridicas.com.br

Impressão no Brasil

Dediquei meus outros livros à minha esposa (que eu amo mais do que tudo no mundo), meus pais (que me deram tudo que uma pessoa precisa para ser um indivíduo decente no mundo) e família em geral (que eu não vivo sem) e nesse gostaria de focar nas duas pessoinhas que mais amo nessa galáxia: meus filhos.

Íris: a luz da minha vida. Deus te escolheu para nos mostrar, todo dia, o exemplo do que é ter um coração voltado para o bem. A cada minuto minha vida fica mais iluminada, só de te ter por perto. Te amo, minha filha.

Alex: a força da minha vida. Deus te escolheu para nos mostrar, todo dia, que a vontade de viver intensamente deveria ser regra para brindar a alma que recebemos. A cada momento minha vida fica mais forte, só de te observar. Te amo, meu filho.

CONSELHO EDITORIAL LETRAS JURÍDICAS

AGOSTINHO DOS SANTOS GIRALDES
ÁLVARO LUIZ VALERY MIRRA
ANIS KFOURI
ARMANDO ALEXANDRE DOS SANTOS
CARLOS FERNANDO MATHIAS DE SOUZA
CINTIA DE FARIA PIMENTEL MARQUES
DANIELLE DE ANDRADE MOREIRA
DIOGO TELLES AKASHI
EDUARDO HENRIQUE DE OLIVEIRA YOSHIKAWA
EDUARDO SALLES PIMENTA
ELIANE PFEFFER
ELIZABETE GORAIEB
FÁBIO ANTONIO CAMARGO DANTAS
FLÁVIO TARTUCCE
GUILHERME EDUARDO NOVARETTI
GUILHERME JOSÉ PURVIN DE FIGUEIREDO
ILDEU DE SOUZA CAMPOS
JOÃO MILTON ANANIAS
JOSÉ ANTONIO BERTANI MARINHO
JOSE CARLOS MAGDALENA
JUAREZ DE OLIVEIRA
JULYVER MODESTO DE ARAUJO
LAFAYETTE POZZOLI
LEANDRO CALDEIRA NAVA
LETÍCIA YUMI MARQUES
LUIZ FERNANDO GAMA PELLEGRINI
MARCO ANTONIO AZKOUL
MARIA CLARA OSUNA DIAZ FALAVIGNA
MARIA HELENA MARQUES BRACEIRO DANELUZZI
MARISTELA BASSO
MIRIAN GONÇALVES DILGUERIAN
NELTON AGUINALDO MORAES DOS SANTOS
NORBERTO OYA
OLGA INÊS TESSARI
PAULO RUBENS ATALLA
SÍRIO JWVER BELMENI
WESLEY CORREA CARVALHO

APRESENTAÇÃO

Em face das constantes evoluções da advocacia e dos novos conceitos envolvendo a publicidade, a propaganda e o próprio marketing jurídico como um todo, surge à primeira obra sobre as novas regras que tomam forma e se solidificam na figura do Provimento 205/2021 que substitui e melhora o Provimento 94/2000.

A obra mostra quais foram as mudanças, seus impactos na advocacia e na própria sobrevivência da classe, assim como adentra em dicas – sempre práticas – de como efetivamente operacionalizar as novas ferramentas dentro do mundo jurídico.

Tudo envolto no cenário atual de evolução tecnológica e de pandemia mundial que assolam e impactam a carreira do advogado brasileiro.

O AUTOR

PREFÁCIO

O exercício do cargo de conselheiro ou de membro da diretoria da OAB "é de exercício gratuito e obrigatório, considerado serviço público relevante, inclusive para fins de disponibilidade e aposentadoria" (art. 48, Lei n. 8.906/94 – Estatuto da OAB e da Advocacia).

Além do orgulho de prestar um serviço público relevante, o exercício de cargos na OAB nos proporciona muitos momentos gratificantes e compensadores, que levamos para a eternidade, a despeito das dificuldades da caminhada.

Foi com muita honra e com grande responsabilidade que eu recebi o convite do Alexandre Motta para escrever o prefácio de sua obra que trata do novo provimento da OAB a respeito da publicidade na advocacia, tema que tive o prazer de coordenar o grupo de trabalho do Conselho Federal da Ordem dos Advogados do Brasil, por aproximadamente dois anos.

A obra aborda o texto que foi apresentado pelo grupo de trabalho do Conselho Federal da OAB, para exame do

Conselho Pleno, a cargo dos Conselheiros Federais, em comentários pontuais, artigo por artigo, que certamente auxiliarão profissionais da área de marketing jurídico, como também advogados, na aplicação das novas regras.

O autor, desde o início da reformulação do Provimento n. 94/2000 – regra atual que trata dos limites da publicidade na advocacia –, tem acompanhado os trabalhos do grupo e, de certo modo, colaborado para a construção de um texto moderno, atual, que prestigia as ferramentas tecnológicas, mas ao mesmo tempo não compromete os valores e as raízes da advocacia brasileira, que primam pela sobriedade e moderação no trato publicitário.

Certamente, a inspiração do autor nasceu a partir desse diálogo permanente com o grupo de trabalho da OAB, e, na medida em que o texto estava sendo construído, a obra, concomitantemente, era redigida, o que significa dizer, noutras palavras, que certamente o estudo de Alexandre Motta e sua dedicação ao tema estão a merecer atenta e interessada leitura por parte daqueles que desejam compreender o alcance das novas regras e sua motivação.

Alguns aspectos da obra, que conta com treze capítulos, devem ser enfatizados nessa oportunidade, com o propósito de aguçar o interesse do leitor.

O histórico tratado no Capítulo 1, por si só, conduzirá o leitor à compreensão dos motivos pelos quais o Conselho Federal da OAB resolveu "flexibilizar" as regras de publicidade da advocacia. De outro lado, o Capítulo 3 trata da análise pontual do novo texto do provimento; no Capítulo 4, estão destacados aquilo que, na visão do autor, são avanços na construção de um novo marco publicitário para a advocacia.

O ponto alto está nos Capítulos 10 e 11, respectivamente, que tratam das "Mudanças na Prática" e da "Advocacia e Pandemia".

Ao tratar das "lives", o autor afirma: "O cenário atual, em especial pela mega pandemia que se instalou no mundo, fez com que todos migrassem (muitos a contragosto) para o sistema digital. Estando ou não de acordo, habilitado ou não para o caso, instrumentado ou não para a ação, a verdade é que todos tiveram que rever seus conceitos digitais e se adaptar ao novo mundo".

A verdade é que quando iniciamos a revisão do Provimento n. 94/2000, sequer imaginávamos que no início de 2020 o planeta se depararia com a pandemia da COVID-19 que já dura um ano e meio e vitimou meio milhão de brasileiros até o momento, infelizmente.

A publicidade na advocacia, necessariamente, teria de ser revista, em razão dessa crise de saúde que exigiu o isolamento social como medida de prevenção; esse fenômeno provocou uma migração em massa dos advogados para as redes sociais, como uma das alternativas para continuarem se comunicando com seus clientes, correspondentes, colaboradores etc., conforme bem observou Alexandre Motta, no Capítulo 11, supra.

Aprender a lidar com essas ferramentas tecnológicas passou a ser de vital importância para a própria sobrevivência do profissional da advocacia, e as lições extraídas desta obra, que já faz o exame a partir do texto básico do novo provimento da OAB a respeito da publicidade, sem dúvida, auxilia sobremaneira o advogado e todos os outros profissionais que estão ligados – direta ou indiretamente – à atividade laboral da advocacia.

Há razões de sobra, portanto, que recomendam a leitura atenta desta obra, especialmente por advogados e profissionais da área de marketing jurídico, além de membros dos Tribunais de Ética da OAB, da fiscalização, Câmaras Julgadoras, etc.

Boa leitura.

Brasília, 01 de julho de 2021.

ARY RAGHIANT NETO
Sec. Geral-Adjunto do CFOAB/Corregedor Nacional da Advocacia.
Coordenador do Grupo de Trabalho da Publicidade no CFOAB

"AS BATALHAS MAIS DIFÍCEIS SÃO DADAS AOS SOLDADOS MAIS FORTES"
Mahatma Gandhi

SUMÁRIO

CAPÍTULO 1
UM BREVE HISTÓRICO 17

CAPÍTULO 2
O NOVO PROVIMENTO 19

CAPÍTULO 3
ANÁLISE PONTUAL SOBRE O NOVO
PROVIMENTO 31

CAPÍTULO 4
RESUMO DOS AVANÇOS DO
NOVO PROVIMENTO 81

CAPÍTULO 5
DEFINIÇÃO DE MARKETING JURÍDICO 85

CAPÍTULO 6
PONTO PRINCIPAL DE DESTAQUE NO
MARKETING JURÍDICO NA ATUALIDADE:
Diferenciais Reais 87

CAPÍTULO 7
CONCEITOS ESSENCIAIS PARA APLICAÇÃO DO MARKETING JURÍDICO: Áreas de Atuação X Nichos de Prospecção..................93

CAPÍTULO 8
CONCEITOS ESSENCIAIS PARA APLICAÇÃO DO MARKETING JURÍDICO: Modelos de Negócios, Forma de Atuação e Produto 97

CAPÍTULO 9
TESTES RÁPIDOS..................103

CAPÍTULO 10
AS MUDANÇAS NA PRÁTICA..................105

CAPÍTULO 11
ADVOCACIA E PANDEMIA..................137

CAPÍTULO 12
O MUNDO VUCA..................149

CAPÍTULO 13
IMPERABILIDADE INEXISTENTE..................153

CAPÍTULO 1

UM BREVE HISTÓRICO

Para você que não conhece a história até aqui, inicio com um pequeno lembrete de como chegamos até o provimento que é a base de nosso livro hoje.

Em agosto de 2019, o presidente nacional da OAB, Felipe Santa Cruz, determinou a criação de um grupo de trabalho para colher sugestões dos advogados, nacionalmente, para a criação e apresentação de um novo texto para o Provimento 94/2000, que dispõe sobre a publicidade na advocacia.

O escolhido para coordenar o grupo (intitulado de "Grupo de Trabalho da Publicidade do Conselho Federal da OAB") foi o Dr. Ary Raghiant Neto (que é quem faz a introdução desta obra), que juntamente com a relatora da proposta, Dra. Sandra Krieger, Dra. Greice Stocker e inúmeros outros integrantes, tinham como objetivo a busca pelas novas regras que serviriam de substitutas para o Provimento 94/2000, que, como a própria denominação demonstra, já tinha mais de 20 anos de defasos, inclusive tecnológicos, em suas costas.

- » É a favor da publicidade/propaganda da advocacia em redes sociais?
- » É a favor da flexibilização das regras de publicidade da advocacia?
- » É a favor da utilização de plataformas digitais para intermediação e divulgação de serviços profissionais?
- » É a favor da divulgação de serviços jurídicos específicos?
- » Devem ser regulamentados limites da publicidade da advocacia nas redes sociais (p.ex.: patrocínio de postagens, comentários de casos concretos, etc.)?

Com perguntas simples como as acima, foram abertas consultas públicas (incluindo um site onde o advogado poderia dar seus palpites em como a publicidade deveria se comportar nos tempos modernos) e, após dois anos de trabalhos, inúmeros eventos públicos e de serem ouvidos mais de 100 mil advogados, foi concebido o documento que você vê a seguir, aprovado pelo Conselho Federal. Surgem, portanto, as novas regras aprovadas da publicidade – e por consequência do marketing jurídico, como você verá – no mundo da advocacia.

Agora cabe ao advogado, ávido por resultados profissionais, entender, incorporar e atuar nesse formato evoluído.

Como sempre falo, é adequar-se ou morrer.

Depende de você.

CAPÍTULO 2

O NOVO PROVIMENTO

Como todo o livro será baseado no novo provimento 205/2021, nada mais importante do que termos, em primeiro lugar, as regras pontuais, em versão integral. Segue, portanto, para sua leitura. Nos capítulos seguintes faremos a avaliação pontual de todas as vertentes.

Provimento 205/2021
Dispõe sobre a publicidade e a informação da advocacia.

O CONSELHO FEDERAL DA ORDEM DOS ADVOGADOS DO BRASIL, no uso das atribuições que lhe são conferidas pelo art. 54, V, da Lei n. 8.906, de 4 de julho de 1994, e considerando as normas sobre publicidade e informação da advocacia constantes no Código de Ética e Disciplina, no Provimento n. 94/2000, em resoluções e em assentos dos Tribunais de Ética e Disciplina dos diversos Conselhos Seccionais; considerando a necessidade de ordená-las de forma sistemática e de especificar adequadamente sua compreensão; e considerando o decidido nos autos da Proposição n. 49.0000.2021.001737-6/COP, RESOLVE:

Art. 1º É permitido o marketing jurídico, desde que exercido de forma compatível com os preceitos éticos e respeitadas as limitações impostas pelo Estatuto da Advocacia, Regulamento Geral, Código de Ética e Disciplina e por este Provimento.

§ 1º As informações veiculadas deverão ser objetivas e verdadeiras e são de exclusiva responsabilidade das pessoas físicas identificadas e, quando envolver pessoa jurídica, dos sócios administradores da sociedade de advocacia que responderão pelos excessos perante a Ordem dos Advogados do Brasil, sem excluir a participação de outros inscritos que para ela tenham concorrido.

§ 2º Sempre que solicitado pelos órgãos competentes para a fiscalização da Ordem dos Advogados do Brasil, as pessoas indicadas no parágrafo anterior deverão comprovar a veracidade das informações veiculadas, sob pena de incidir na infração disciplinar prevista no art. 34, inciso XVI, do Estatuto da Advocacia e da OAB, entre outras eventualmente apuradas.

Art. 2º Para fins deste provimento devem ser observados os seguintes conceitos:

    I – Marketing jurídico: Especialização do marketing destinada aos profissionais da área jurídica, consistente na utilização de estratégias planejadas para alcançar objetivos do exercício da advocacia;

    II – Marketing de conteúdos jurídicos: estratégia de marketing que se utiliza da criação e da divulgação de conteúdos jurídicos, disponibilizados por meio de ferramentas de comunicação, voltada para informar o público e para a consolidação profissional do(a) advogado(a) ou escritório de advocacia;

III – Publicidade: meio pelo qual se tornam públicas as informações a respeito de pessoas, ideias, serviços ou produtos, utilizando os meios de comunicação disponíveis, desde que não vedados pelo Código de Ética e Disciplina da Advocacia;

IV – Publicidade profissional: meio utilizado para tornar pública as informações atinentes ao exercício profissional, bem como os dados do perfil da pessoa física ou jurídica inscrita na Ordem dos Advogados do Brasil, utilizando os meios de comunicação disponíveis, desde que não vedados pelo Código de Ética e Disciplina da Advocacia;

V – Publicidade de conteúdos jurídicos: divulgação destinada a levar ao conhecimento do público conteúdos jurídicos;

VI – Publicidade ativa: divulgação capaz de atingir número indeterminado de pessoas, mesmo que elas não tenham buscado informações acerca do anunciante ou dos temas anunciados;

VII – Publicidade passiva: divulgação capaz de atingir somente público certo que tenha buscado informações acerca do anunciante ou dos temas anunciados, bem como por aqueles que concordem previamente com o recebimento do anúncio;

VIII – Captação de clientela: para fins deste provimento, é a utilização de mecanismos de marketing que, de forma ativa, independentemente do resultado obtido, se destinam a angariar clientes pela indução à contratação dos serviços ou estímulo do litígio, sem prejuízo do estabelecido no Código de Ética e Disciplina e regramentos próprios.

Art. 3º A publicidade profissional deve ter caráter meramente informativo e primar pela discrição e sobriedade, não podendo configurar captação de clientela ou mercantilização da profissão, sendo vedadas as seguintes condutas:

   I – referência, direta ou indireta, a valores de honorários, forma de pagamento, gratuidade ou descontos e reduções de preços como forma de captação de clientes;
   II – divulgação de informações que possam induzir a erro ou causar dano a clientes, a outros(as) advogados(as) ou à sociedade;
   III – anúncio de especialidades para as quais não possua título certificado ou notória especialização, nos termos do parágrafo único do art. 3º-A do Estatuto da Advocacia;
   IV – utilização de orações ou expressões persuasivas, de auto engrandecimento ou de comparação;
   V – distribuição de brindes, cartões de visita, material impresso e digital, apresentações dos serviços ou afins de maneira indiscriminada em locais públicos, presenciais ou virtuais, salvo em eventos de interesse jurídico.

§ 1º Entende-se por publicidade profissional sóbria, discreta e informativa a divulgação que, sem ostentação, torna público o perfil profissional e as informações atinentes ao exercício profissional, conforme estabelecido pelo § 1º, do art. 44, do Código de Ética e Disciplina, sem incitar diretamente ao litígio judicial, administrativo ou à contratação de serviços, sendo vedada a promoção pessoal.

§ 2º Os consultores e as sociedades de consultores em direito estrangeiro devidamente autorizadas pela Ordem dos Advogados do Brasil, nos termos do Provimento n. 91/2000, somente poderão realizar o marketing jurídico com relação às suas atividades de consultoria em direito estrangeiro correspondente ao país ou Estado de origem do profissional interessado. Para esse fim, nas peças de caráter publicitário a sociedade acrescentará obrigatoriamente ao nome ou razão social que internacionalmente adote a expressão "Consultores em direito estrangeiro" (art. 4º do Provimento 91/2000).

Art. 4º No marketing de conteúdos jurídicos poderá ser utilizada a publicidade ativa ou passiva, desde que não esteja incutida a mercantilização, a captação de clientela ou o emprego excessivo de recursos financeiros, sendo admitida a utilização de anúncios, pagos ou não, nos meios de comunicação, exceto nos meios vedados pelo art. 40 do Código de Ética e Disciplina e desde que respeitados os limites impostos pelo inciso V do mesmo artigo e pelo Anexo Único deste provimento.

§ 1º Admite-se, na publicidade de conteúdos jurídicos, a identificação profissional com qualificação e títulos, desde que verdadeiros e comprováveis quando solicitados pela Ordem dos Advogados do Brasil, bem como com a indicação da sociedade da qual faz parte.

§ 2º Na divulgação de imagem, vídeo ou áudio contendo atuação profissional, inclusive em audiências e sustentações orais, em processos judiciais ou administrativos, não alcançados por segredo de justiça, serão respeitados o sigilo e a dignidade profissional e vedada a referência ou menção a decisões judiciais e resultados de qualquer natureza obtidos em procedimentos que patrocina ou participa de alguma forma, ressalvada a hipótese de manifestação espontânea em caso coberto pela mídia.

§ 3º Para os fins do previsto no inciso V do art. 40 do Código de Ética e Disciplina, equiparam-se ao e-mail, todos os dados de contato e meios de comunicação do escritório ou advogado(a), inclusive os endereços dos sites, das redes sociais e os aplicativos de mensagens instantâneas, podendo também constar o logotipo, desde que em caráter informativo, respeitados os critérios de sobriedade e discrição.

§ 4º Quando se tratar de venda de bens e eventos (livros, cursos, seminários ou congressos), cujo público-alvo sejam advogados(as), estagiários(as) ou estudantes de direito, poderá ser utilizada a publicidade ativa, observadas as limitações do caput deste artigo.

§ 5º É vedada a publicidade a que se refere o *caput* mediante uso de meios ou ferramentas que influam de forma fraudulenta no seu impulsionamento ou alcance.

Art. 5º A publicidade profissional permite a utilização de anúncios, pagos ou não, nos meios de comunicação não vedados pelo art. 40 do Código de Ética e Disciplina.

§ 1º É vedado o pagamento, patrocínio ou efetivação de qualquer outra despesa para viabilizar aparição em rankings, prêmios ou qualquer tipo de recebimento de honrarias em eventos ou publicações, em qualquer mídia, que vise destacar ou eleger profissionais como detentores de destaque.

§ 2º É permitida a utilização de logomarca e imagens, inclusive fotos dos(as) advogados(as) e do escritório, assim como a identidade visual nos meios de comunicação profissional, sendo vedada a utilização de logomarca e símbolos oficiais da Ordem dos Advogados do Brasil.

§ 3º É permitida a participação do advogado ou da advogada em vídeos ao vivo ou gravados, na internet ou nas redes sociais, assim como em debates e palestras virtuais, desde que observadas as regras dos arts. 42 e 43 do CED, sendo vedada a utilização de casos concretos ou apresentação de resultados.

Art. 6º Fica vedada, na publicidade ativa, qualquer informação relativa às dimensões, qualidades ou estrutura física do escritório, assim como a menção à promessa de resultados ou a utilização de casos concretos para oferta de atuação profissional.
Parágrafo único. Fica vedada em qualquer publicidade a ostentação de bens relativos ao exercício ou não da profissão, como uso de veículos, viagens, hospedagens e bens de consumo, bem como a menção à promessa de resultados ou a utilização de casos concretos para oferta de atuação profissional.

Art. 7º Considerando que é indispensável a preservação do prestígio da advocacia, as normas estabelecidas neste provimento também se aplicam à divulgação de conteúdos que, apesar de não se relacionarem com o exercício da advocacia, possam atingir a reputação da classe à qual o profissional pertence.

Art. 8º Não é permitido vincular os serviços advocatícios com outras atividades ou divulgação conjunta de tais atividades, salvo a de magistério, ainda que complementares ou afins.
Parágrafo único. Não caracteriza infração ético-disciplinar o exercício da advocacia em locais compartilhados (coworking), sendo vedada a divulgação da atividade de advocacia em conjunto com qualquer outra atividade ou empresa que comparti-

lhem o mesmo espaço, ressalvada a possibilidade de afixação de placa indicativa no espaço físico em que se desenvolve a advocacia e a veiculação da informação de que a atividade profissional é desenvolvida em local de coworking.

Art. 9º. Fica criado o Comitê Regulador do Marketing Jurídico, de caráter consultivo, vinculado à Diretoria do Conselho Federal, que nomeará seus membros, com mandato concomitante ao da gestão, e será composto por:

    I – 05 (cinco) Conselheiros(as) Federais, um(a) de cada região do país, indicados(as) pela Diretoria do CFOAB;

    II – 01 (um) representante do Colégio de Presidentes de Seccionais.

    III – 01 (um) representante indicado pelo Colégio de Presidentes dos Tribunais de Ética e Disciplina;

    IV – 01 (um) representante indicado pela Coordenação Nacional de Fiscalização da Atividade Profissional da Advocacia; e

    V – 01 (um) representante indicado pelo Colégio de Presidentes das Comissões da Jovem Advocacia.

§ 1º O Comitê Regulador do Marketing Jurídico se reunirá periodicamente para acompanhar a evolução dos critérios específicos sobre marketing, publicidade e informação na advocacia constantes do Anexo Único deste provimento, podendo propor ao Conselho Federal a alteração, a supressão ou a inclusão de novos critérios e propostas de alteração do provimento.

§ 2º Com a finalidade de pacificar e unificar a interpretação dos temas pertinentes perante os Tribunais de Ética e Disciplina e Comissões de Fiscalização das Seccionais, o Comitê poderá propor ao Órgão Especial, com base nas disposições do Código de Ética e Disciplina e pelas demais disposições previstas neste provimento, sugestões de interpretação dos dispositivos sobre publicidade e informação.

Art. 10. As Seccionais poderão conceder poderes coercitivos à respectiva Comissão de Fiscalização, permitindo a expedição de notificações com a finalidade de dar efetividade às disposições deste provimento.

Art. 11. Faz parte integrante do presente provimento o Anexo Único, que estabelece os critérios específicos sobre a publicidade e informação da advocacia.

Art. 12. Fica revogado o Provimento n. 94, de 05 de setembro de 2000, bem como as demais disposições em contrário.
Parágrafo único. Este provimento não se aplica às eleições do sistema OAB, que possui regras próprias quanto à campanha e à publicidade.

Art. 13. Este Provimento entra em vigor no prazo de 30 (trinta) dias a contar da data de sua publicação no Diário Eletrônico da OAB.

Brasília, 15 de julho de 2021.

ANEXO ÚNICO

Anuários	Somente é possível a participação em publicações que indiquem, de forma clara e precisa, qual a metodologia e os critérios de pesquisa ou de análise que justifiquem a inclusão de determinado escritório de advocacia ou advogado(a) na publicação, ou ainda que indiquem que se trata de mera compilação de escritórios ou advogados(as). É vedado o pagamento, patrocínio ou efetivação de qualquer outra despesa para viabilizar anúncios ou aparição em publicações como contrapartida de premiação ou ranqueamento.
Aplicativos para responder consultas jurídicas	Não é admitida a utilização de aplicativos de forma indiscriminada para responder automaticamente consultas jurídicas a não clientes por suprimir a imagem, o poder decisório e as responsabilidades do profissional, representando mercantilização dos serviços jurídicos.
Aquisição de palavra-chave a exemplo do *Google Ads*	Permitida a utilização de ferramentas de aquisição de palavra chave quando responsivo a uma busca iniciada pelo potencial cliente e desde que as palavras selecionadas estejam em consonância com ditames éticos. Proibido o uso de anúncios ostensivos em plataformas de vídeo.
Cartão de visitas	Deve conter nome ou nome social do(a) advogado(a) e o número da inscrição na OAB e o nome da sociedade, se integrante de sociedade. Pode conter número de telefone, endereço físico/eletrônico, QR Code que permita acesso aos dados/site. Pode ser físico e eletrônico.
Chatbot	Permitida a utilização para o fim de facilitar a comunicação ou melhorar a prestação de serviços jurídicos, não podendo afastar a pessoalidade da prestação do serviço jurídico, nem suprimir a imagem, o poder decisório e as responsabilidades do profissional. É possível, por exemplo, a utilização no site para responder as primeiras dúvidas de um potencial cliente ou para encaminhar as primeiras informações sobre a atuação do escritório. Ou ainda, como uma solução para coletar dados, informações ou documentos.

Correspondências e comunicados (mala direta);	O envio de cartas e comunicações a uma coletividade ("mala direta") é expressamente vedado. Somente é possível o envio de cartas e comunicações se destinadas a clientes e pessoas de relacionamento pessoal ou que os solicitem ou os autorizem previamente, desde que não tenham caráter mercantilista, que não representem captação de clientes e que não impliquem oferecimento de serviços.
Criação de conteúdo, palestras, artigos;	Deve ser orientada pelo caráter técnico informativo, sem divulgação de resultados concretos obtidos, clientes, valores ou gratuidade.
Ferramentas Tecnológicas	Podem ser utilizadas com a finalidade de auxiliar os(as) advogados(as) a serem mais eficientes em suas atividades profissionais, sem suprimir a imagem, o poder decisório e as responsabilidades do profissional.
Grupos de "whatsapp",	Permitida a divulgação por meio de grupos de "whatsapp", desde que se trate de grupo de pessoas determinadas, das relações do(a) advogado(a) ou do escritório de advocacia e seu conteúdo respeite as normas do Código de Ética e Disciplina e do presente provimento.
Lives nas redes sociais e Youtube	É permitida a realização de lives nas redes sociais e vídeos no Youtube, desde que seu conteúdo respeite as normas do Código de Ética e Disciplina e do presente provimento.
Patrocínio e impulsionamento nas redes sociais	Permitido, desde que não se trate de publicidade contendo oferta de serviços jurídicos.
Petições, papéis, pastas e materiais de escritório	Pode conter nome e nome social do(a) advogado(a) e da sociedade, endereço físico/eletrônico, número de telefone e logotipo.
Placa de identificação do escritório	Pode ser afixada no escritório ou na residência do(a) advogado(a), não sendo permitido que seja luminosa tal qual a que se costuma ver em farmácias e lojas de conveniência. Suas dimensões não são preestabelecidas, bastando que haja proporcionalidade em relação às dimensões da fachada do escritório ou residência, sempre respeitando os critérios de discrição e moderação.
Redes Sociais	É permitida a presença nas redes sociais, desde que seu conteúdo respeite as normas do Código de Ética e Disciplina e do presente provimento.

CAPÍTULO 3

ANÁLISE PONTUAL SOBRE O NOVO PROVIMENTO

Para iniciarmos esta análise pontual das novas regras (e efetivamente propor como usar cada uma das atualizações), cabe aqui uma investigação apurada de cada um dos itens aprovados. Segue abaixo, portanto, a nova regra seguida da minha interpretação das mudanças e seus impactos.

Provimento 205/2021
Dispõe sobre a publicidade e a informação da advocacia.

O CONSELHO FEDERAL DA ORDEM DOS ADVOGADOS DO BRASIL, no uso das atribuições que lhe são conferidas pelo art. 54, V, da Lei n. 8.906, de 4 de julho de 1994, e considerando as normas sobre publicidade e informação da advocacia constantes no Código de Ética e Disciplina, no Provimento n. 94/2000, em resoluções e em assentos dos Tribunais de Ética e Disciplina dos diversos Conselhos Seccionais; considerando a necessidade de ordená-las de forma sistemática e de especificar adequadamente sua compreensão; e considerando o decidido nos autos da Proposição n. 49.0000.2021.001737-6/COP, RESOLVE:

Art. 1º É permitido o marketing jurídico, desde que exercido de forma compatível com os preceitos éticos e respeitadas as limitações impostas pelo Estatuto da Advocacia, Regulamento Geral, Código de Ética e Disciplina e por este Provimento.

> Em um cunho pessoal, esta foi uma grande vitória. Para mim, que sempre defendeu o marketing jurídico ético, é muito prazeroso saber que o termo "marketing jurídico" é oficialmente reconhecido pela OAB à partir de agora. Onde antes eram usados termos como publicidade e propaganda (muitas vezes erroneamente) para designar ações que eram claramente maiores do que a própria publicidade ou propaganda, a partir deste momento conseguimos claramente usar o termo marketing jurídico. Isso serve de ensinamento para todos aqueles advogados mega assustados que usavam frases como "o marketing é proibido na advocacia". Marketing jurídico sempre foi, é e sempre será essencial em uma estratégica ética e adequada em um escritório que não parou no tempo.

§ 1º As informações veiculadas deverão ser objetivas e verdadeiras e são de exclusiva responsabilidade das pessoas físicas identificadas e, quando envolver pessoa jurídica, dos sócios administradores da sociedade de advocacia que responderão pelos excessos perante a Ordem dos Advogados do Brasil, sem excluir a participação de outros inscritos que para ela tenham concorrido.

> Aqui temos o básico do básico. Não minta! O que deveria ser uma característica intrínseca do ser humano – não mentir – acaba tendo que se tornar regra escrita pois sempre vai existir aquele super advogado que não mede esforços para se promover, incluindo aumentar fatos e retorcer verdades. Patético, mas real. Outro ponto a ser ressaltado nesse item é a ideia de que os sócios responderão solidariamente a qualquer tipo de excesso. Ou seja, se seu sócio acha que pode fazer o que quiser para promover o escritório, cuidado, pois você pode entrar na representação, mesmo se nem estiver sabendo o que está acontecendo.

§ 2º Sempre que solicitado pelos órgãos competentes para a fiscalização da Ordem dos Advogados do Brasil, as pessoas indicadas no parágrafo anterior deverão comprovar a veracidade das informações veiculadas, sob pena de incidir na infração disciplinar prevista no art. 34, inciso XVI, do Estatuto da Advocacia e da OAB, entre outras eventualmente apuradas.

> Complementando meu comentário anterior, se o advogado se promove em cima de itens verdadeiros, fica fácil comprovar quando pedido, como comenta esse ponto. Já aquele que cria sua atuação em cima de mentiras, vai ter muitos problemas com isso. É "perna curta" que fala?

Art. 2º Para fins deste provimento devem ser observados os seguintes conceitos:

> Leia e entenda bem profundamente os pontos que vem a seguir, onde existe a definição clara de itens antes apenas introduzidos sem definição. Vamos falar de cada um deles.

I – Marketing jurídico: Especialização do marketing destinada aos profissionais da área jurídica, consistente na utilização de estratégias planejadas para alcançar objetivos do exercício da advocacia;

> Novamente, aqui vemos a consagração do termo "marketing jurídico" como a especialização que estuda e ajuda os advogados em suas estratégias éticas e objetivos a serem alcançados. Vale notar que o texto original apresentava a frase "para alcançar objetivos de negócio no ramo da advocacia", mas esta parte foi excluída do texto final. Talvez deva fica mais claro que a advocacia deve ser tratada de maneira a se

fortalecer mercadologicamente como um negócio realmente, gerador de custos e lucros, obviamente – e sempre – resguardadas as regras sobre sobriedade e discrição da profissão. Quem sabe em uma revisão pontual de textos no futuro consigamos introduzir a noção de "negócio ético", o que é completamente compatível com a profissão.

II – Marketing de conteúdos jurídicos: estratégia de marketing que se utiliza da criação e da divulgação de conteúdos jurídicos, disponibilizados por meio de ferramentas de comunicação, voltada para informar o público e para a consolidação profissional do(a) advogado(a) ou escritório de advocacia;

Lembrando que marketing é diferente de publicidade (um dos itens também explicados abaixo), entendo que aqui está se conceitualizando o planejamento que irá ser adotado para se chegar a determinado objeto e que envolva as ações de divulgação e distribuição de conteúdo focado do advogado e/ou escritório jurídico. Sinceramente, não vejo a criação de um plano de ação coeso e de resultado que não envolva este direcionamento.

III – Publicidade: meio pelo qual se tornam públicas as informações a respeito de pessoas, ideias, serviços ou produtos, utilizando os meios de comunicação disponíveis, desde que não vedados pelo Código de Ética e Disciplina da Advocacia;

Um dos pontos que senti falta no novo texto (assim como muita gente) foi a definição de propaganda em contraponto ao conceito de publicidade. Isso inclusive foi bastante debatido pelo grupo de estudos, que considerou o conceito como muito amplo para colocar-se no papel. Entendo que isso pode ser realidade, mas acho que se você está lendo este livro, gostaria de pelo menos um direcionamento nesta questão. Em função disso, coloco aqui a definição dos dois pontos para ajudar e deixar as ideias alinhadas.

Publicidade: é quando tornamos público alguma coisa, sejam (como o próprio texto comenta) pessoas, ideias, serviços ou produtos.

Propaganda: é quando propagamos uma ideia ou conceito, seja para ganho pessoal ou profissional.

Fica fácil entender a diferença quando você lembra que é uma agência de publicidade que faz seus materiais que o tornarão conhecido no mercado. Do mesmo jeito, fica fácil de memorizar a diferença quando você lembra que é uma propaganda eleitoral que quer te passar a ideia de que aquele candidato é melhor que o restante. Esses são macetes para fácil recordação dos conceitos.

Isso significa, na prática da advocacia, que quando eu levo informação ao mercado, tornando público informações pertinentes a determinado setor, estou fazendo publicidade, completamente em consonância com o Código de Ética. Por outro lado, quando eu tento instigar e induzir o mercado a procurar um advogado para fazer determinada ação, estou forçando uma ideia em um formato que não é condizente com a advocacia. Em termos mais simples: se você diz "a lei X impacta o mercado dessa maneira" e espera este mercado (que vê você agora como entendedor do assunto) voltar a quem forneceu informação de relevância (ou eventualmente a quem ela quiser) está fazendo publicidade, pois simplesmente deixou pública uma informação importante. Se você diz "você tem direito a X, fale comigo" está propagando a ideia de que essa pessoa precisa te contatar para resolver o problema e isso é contra o Código.

Veja que muitas definições de mercado vinculam o pagamento de valores para saber se estamos lidando com publicidade ou propaganda. Muitos insistem em falar que, se existem valores envolvidos, é publicidade. Na minha visão, isso não é verdade. Eu posso fazer publicidade (tornar algo público) sem envolver nenhum tipo de pagamento (exemplo: um artigo colocado gratuitamente em uma revista setorizada), ao passo que também posso tentar veicular uma ideia (conceito de propaganda) pagando para que isso aconteça (exemplo: o incrível montante de dinheiro gasto para promover a propaganda nazista e suas ideias no começo do século XX).

IV – Publicidade profissional: meio utilizado para tornar pública as informações atinentes ao exercício profissional, bem como os dados do perfil da pessoa física ou jurídica inscrita na Ordem dos Advogados do Brasil, utilizando os meios de comunicação disponíveis, desde que não vedados pelo Código de Ética e Disciplina da Advocacia;

Aqui o texto se refina explicitando o conceito de publicidade profissional (que é usado diversas vezes no decorrer dos escritos), onde basicamente usamos a publicidade para mostrar quem somos e dados pertinentes.

V – Publicidade de conteúdos jurídicos: divulgação destinada a levar ao conhecimento do público conteúdos jurídicos;

Diferente do ponto anterior (onde publicitamos apenas dados do advogado ou escritório), o item aqui se refere a mostrar conteúdo efetivo que possa consagrar nossa autoridade e conhecimento em determinados assuntos e pontos relevantes ao nosso público alvo. Sempre foi premissa básica que o advogado que não produz conteúdo próprio não tem condições de criar um marketing de efetividade em sua rotina. Isso sempre foi o foco: levar informação ao mercado. Aqui apenas foi criada uma explicação sustentável para o tipo de tática dentro do marketing que foca na criação de autoridade através da divulgação de conteúdo.

VI – Publicidade ativa: divulgação capaz de atingir número indeterminado de pessoas, mesmo que elas não tenham buscado informações acerca do anunciante ou dos temas anunciados;

A definição aqui (juntamente com o próximo ponto abaixo) é bastante importante para o entendimento das novas regras. O texto dividiu as possíveis ações em publicidade ativa e passiva, ponto esse que achei bastante interessante para explicitar melhor o entendimento das dinâmicas de marketing. Neste item entendemos que publicidade ativa são as ações que fazemos que possam atingir pessoas que ainda não estão na lista de nossos contatos efetivos. Muitos advogados gostariam que estas fossem as ações que estivessem completamente liberadas, mas infelizmente não funciona assim. Ter acesso total a qualquer possível cliente, mesmo que não esteja em nosso hall de conhecidos, ainda não está completamente viável, como vamos ver em outras ações comentadas nos próximos itens.

VII – **Publicidade passiva:** divulgação capaz de atingir somente público certo que tenha buscado informações acerca do anunciante ou dos temas anunciados, bem como por aqueles que concordem previamente com o recebimento do anúncio;

Diferente do ponto anterior onde as ações chegam em grupo indeterminado de pessoas, esse conceito define as atividades publicitárias que podem chegar para pessoas conhecidas, onde já existe o respaldo, contato ou autorização da mesma. Basicamente é criar uma ação para clientes ativos, inativos ou pessoas que já autorizaram o contato prévio.

Muitas pessoas comentaram sobre o assunto "publicidade ativa e passiva" dizendo que elas não fazem sentido dentro do marketing jurídico (em especial no que tange o marketing digital) mas eu acredito que a divisão pode ajudar a advocacia a entender melhor a diferença entre ações "para as pessoas que já olhei no olho" (como eu brinco que seriam as ações de publicidade passiva) versus as ações "das pessoas que eu gostaria de olhar no olho" (publicidade ativa). Mas, como tudo é novidade, veremos, ao longo dos próximos meses, como o tribunais de ética vão se comportar em função das novas regras.

VIII – Captação de clientela: para fins deste provimento, é a utilização de mecanismos de marketing que, de forma ativa, independentemente do resultado obtido, se destinam a angariar clientes pela indução à contratação dos serviços ou estímulo do litígio, sem prejuízo do estabelecido no Código de Ética e Disciplina e regramentos próprios.

Um ponto interessante é que na redação antiga do texto estava escrito, "captação indevida de clientes". Ora, qualquer tipo de captação é indevida na advocacia e, portanto o termo era redundante. Depois de diversos alertas, a expressão foi substituída.

Perceba que a definição de "captação de clientela" tem tudo a ver com a conotação de propaganda que comentamos anteriormente, onde estamos atraindo clientes "pela indução à contratação dos serviços ou estímulo do litígio".

Importante ressaltar a frase "independentemente do resultado obtido". Isso significa que algumas defesas apresentadas no Tribunal de Ética com a desculpa "a ação não trouxe clientes reais então não cometi infração alguma" caem por terra. Apenas a ação em si já é sinônimo de desrespeito às regras.

Como nota à parte, eu sempre defendi que dá para fazer muita coisa – e triunfar – dentro da ética proposta, então a pessoa que opta por fazer ações indevidas e fora das regras tem que ser muito ruim de marketing para ter uma representação e problemas com a OAB aliada a uma completa falta de resultados de sua ação. Você não se sentiria um idiota de tentar assaltar uma loja, não levar nada e ainda ser pego pela polícia?

Um ponto que ficou de fora da aprovação do texto original enviado para análise (e que seria de muita valia para conceitualização das ações do marketing jurídico como um todo), foi a explicação do que é mercantilização na advocacia. O texto original dissertava "Mercantilização: utilização de mecanismos de marketing que, independentemente do resultado obtido, suprimam a imagem, o poder decisório e a responsabilidade do advogado atribuindo caráter meramente comercial aos serviços jurídicos". Essa é

> uma definição interessante pois muitos pensam que mercantilização são as próprias ações de marketing (que muitos acreditam que nem poderiam existir) e não a transformação da nobre atuação do advogado em mercadoria, como se essa pudesse ser utilizada por qualquer um. Em uma análise maior, tirar o advogado da equação "problema – conhecimento e atuação do advogado – resultado" só pode gerar dificuldades ao mercado a longo prazo. Um exemplo claro disso vemos nos dias atuais, onde existem contadores e despachantes que tentar suprir a necessidade de um advogado para executar determinadas tarefas, muitas vezes piorando o problema original, simplesmente pela falta de conhecimento. É esse tipo de atuação que seria combatida aqui, mas vale lembrar, novamente, que este ponto não foi aprovado como texto oficial do provimento.

Art. 3º A publicidade profissional deve ter caráter meramente informativo e primar pela discrição e sobriedade, não podendo configurar captação de clientela ou mercantilização da profissão, sendo vedadas as seguintes condutas:

> Nada novo aqui, onde as palavras de ordem continuam sendo discrição e sobriedade, sempre.

I – referência, direta ou indireta, a valores de honorários, forma de pagamento, gratuidade ou descontos e reduções de preços como forma de captação de clientes;

> Ou seja, não podemos colocar em nossas ações nenhum tipo de valor (isso tem que ser conversado diretamente com o cliente), comentar sobre descontos ou gratuidade. Basicamente, toda abordagem dada que seja voltada a valores não pode ser executada. Isso significa que se você é daquele tipo de advogado que faz ações do tipo "Black Friday na Advocacia", pode esquecer. Ou melhor, você já deveria ter abandonado esse formato, mesmo sem um código para te orientar a isso.

II – divulgação de informações que possam induzir a erro ou causar dano a clientes, a outros(as) advogados(as) ou à sociedade;

> Lembra que falamos no início em NÃO MENTIR? Por favor, abandone todo e qualquer foco baseado em meias informações, inverdades ou promessas vazias. Seu carma agradece.

III – anúncio de especialidades para as quais não possua título certificado ou notória especialização, nos termos do parágrafo único do art. 3º-A do Estatuto da Advocacia;

Basicamente aqui está se falando que o advogado não pode se apresentar com um título que não esteja condizente com a realidade. Nada mais justo. Um questionamento que pode ser interessante para evoluirmos a partir deste momento seria a concepção do que efetivamente significa "notória especialização". Se você escreve muitos artigos sobre determinada questão e eles são publicados, isso significa notoriedade naquele assunto? Ou se as pessoas te identificam como advogado do setor X, isso é ser notório no segmento? Acredito que este ponto será evoluído futuramente.

IV – utilização de orações ou expressões persuasivas, de autoengrandecimento ou de comparação;

Sinceramente, adorei esse ponto. O que não falta no mercado é advogado que pensa: "Já que ninguém me elogia, eu mesmo vou me elogiar". Chega a ser patético, na maioria das vezes. Advogados que não tem a mínima condição de serem percebidos como a versão que apenas eles têm de si mesmo, disparando frases de engrandecimento como "o melhor advogado da região X", "os pioneiros no segmento X", "o escritório boutique mais consagrado de X", "os advogados mais conceituados em X" e milhares de outros tipos de auto tapinhas nas costas. Por favor, entendam que quem dá o título (qualquer um que seja) ao advogado/escritório é o mercado, não você mesmo. Menos ego, mais conteúdo.

V – distribuição de brindes, cartões de visita, material impresso e digital, apresentações dos serviços ou afins de maneira indiscriminada em locais públicos, presenciais ou virtuais, salvo em eventos de interesse jurídico.

> Não houve mudança consistente nesse ponto, continuando basicamente com a impossibilidade de trabalharmos com os pontos citados acima em uma esfera de público não atuantes como clientes.

§ 1º Entende-se por publicidade profissional sóbria, discreta e informativa a divulgação que, sem ostentação, torna público o perfil profissional e as informações atinentes ao exercício profissional, conforme estabelecido pelo § 1º, do art. 44, do Código de Ética e Disciplina, sem incitar diretamente ao litígio judicial, administrativo ou à contratação de serviços, sendo vedada a promoção pessoal.

> Aqui acredito que houve um reforço aos conceitos anteriormente apresentados, para fixação e melhor entendimento de como deveria se portar uma "publicidade profissional". Palavras-chave para lembrar: sóbria, discreta, sem ostentação, sem incitação ao litígio ou à contratação.

§ 2º Os consultores e as sociedades de consultores em direito estrangeiro devidamente autorizadas pela Ordem dos Advogados do Brasil, nos termos do Provimento n. 91/2000, somente poderão realizar o marketing jurídico com relação às suas atividades de consultoria em direito estrangeiro correspondente ao país ou Estado de origem do profissional interessado. Para esse fim, nas peças de caráter publicitário a sociedade acrescentará obrigatoriamente ao nome ou razão social que internacionalmente adote a expressão "Consultores em direito estrangeiro" (art. 4º do Provimento 91/2000).

> Aqui temos um ponto de simples entendimento. Se a advocacia é estrangeira e quer promover seus serviços aqui, tem que necessariamente seguir as guias comentadas no texto. O mercado já está complicado demais sem bancas internacionais (que geralmente são mega organizadas e voltadas para prospecção) vindo atrapalhar, concorda?

Art. 4º No marketing de conteúdos jurídicos poderá ser utilizada a publicidade ativa ou passiva, desde que não esteja incutida a mercantilização, a captação de clientela ou o emprego excessivo de recursos financeiros, sendo admitida a utilização de anúncios, pagos ou não, nos meios de comunicação, exceto nos meios vedados pelo art. 40 do Código de Ética e Disciplina e desde que respeitados os limites impostos pelo inciso V do mesmo artigo e pelo Anexo Único deste provimento.

Lembrando que as referências ao artigo 40 comentadas falam sobre a impossibilidade de atuação de marketing em rádio, cinema, televisão, outdoors, painéis luminosos (ou formas assemelhadas), inscrições em muros, paredes, veículos, elevadores ou em qualquer espaço público, a divulgação de serviços de advocacia juntamente com a de outras atividades, fornecimento de dados de contato em colunas ou artigos publicados na imprensa, mala direta, distribuição de panfletos (ou formas assemelhadas) e outros pequenos detalhes, basicamente os itens antes penalizados continuam nesse artigo. A evolução neste ponto está no fato de que fica alinhado e aprovado o uso efetivo (salvo os pontos proibitivos citados) de anúncio pago. Muitos achavam que fazer um anúncio incidia em erro perante o Código e esse ponto veio para deixar claro a possibilidade positiva do assunto. Além disso, é importante reforçar que o texto fala em publicidade ativa e passiva, ou seja, colocar conteúdo em sua estratégia de marketing é essencial. Novamente: se você é um advogado "copia e cola", que não escreve artigos e não produz vídeos de conteúdo focado, que não consegue comentar o posicionamento oficial de sua pessoa ou do escritório nas redes sociais e muitos outros ângulos que podem mostrar que, por trás do advogado existe um cérebro pensante que vê 360°

do mundo (e não apenas a lei fria), não conseguirá nem se beneficiar com essa nova etapa de possibilidades deste novo Provimento 205.

§ 1º Admite-se, na publicidade de conteúdos jurídicos, a identificação profissional com qualificação e títulos, desde que verdadeiros e comprováveis quando solicitados pela Ordem dos Advogados do Brasil, bem como com a indicação da sociedade da qual faz parte.

> Veja que este ponto se propõe a liberar a possibilidade de, junto a uma produção de conteúdo relevante, mostrar a qualificação do profissional que gerou o item. Não está se falando de autoengrandecimento (como comentado em pontos anteriores) e sim de títulos reais (e comprováveis, como colocado no texto) que possamos respaldar a criação ou conteúdo de tal determinada pessoa. Então, por favor, sem qualificações no estilo "o advogado mais admirado do planeta". A possibilidade aberta aqui é usar o seu estudo comprovado como cimento para suas declarações de conteúdo.

§ 2º Na divulgação de imagem, vídeo ou áudio contendo atuação profissional, inclusive em audiências e sustentações orais, em processos judiciais ou administrativos, não alcançados por segredo de justiça, serão respeitados o sigilo e a dignidade profissional e vedada a referência ou menção a decisões judiciais e resultados de qualquer natureza obtidos em procedimentos que patrocina ou participa de alguma forma, ressalvada a hipótese de manifestação espontânea em caso coberto pela mídia.

> Esta é uma grande evolução, na minha visão. Onde antes existiam casos de punições a advogados que postaram fotos ou vídeos de suas atuações, agora esse item segue liberado (obviamente resguardado o escopo comentado dentro do próprio artigo). Portanto, não se reprima em postar, em suas redes, newsletter ou site, a sua efetiva atuação no dia a dia e rotina geral. O mercado quer ver você resolver os problemas. Palavras negativadas para se lembrar: não mencionar decisões ou resultados.

§ 3º Para os fins do previsto no inciso V do art. 40 do Código de Ética e Disciplina, equiparam-se ao e-mail, todos os dados de contato e meios de comunicação do escritório ou advogado(a), inclusive os endereços dos sites, das redes sociais e os aplicativos de mensagens instantâneas, podendo também constar o logotipo, desde que em caráter informativo, respeitados os critérios de sobriedade e discrição.

> No inciso V do Art. 40 do Código de Ética e Disciplina o texto é muito claro, pontuando que o advogado – dentro do contexto de não repetição constante – pode publicar artigos e aparecer em entrevistas nas mídias diversas. Até então,

> a única possibilidade de atrelar essa aparição a um contato seu era o e-mail, que foi liberado na época. Agora, o novo texto afirma que também se pode colocar endereços dos sites, das redes sociais e também o logotipo do escritório ou advogado (sim, alguns advogados que trabalham sozinhos tem logotipo de seus nomes). Evolução para o institucional geral da advocacia.

§ 4º Quando se tratar de venda de bens e eventos (livros, cursos, seminários ou congressos), cujo público-alvo sejam advogados(as), estagiários(as) ou estudantes de direito, poderá ser utilizada a publicidade ativa, observadas as limitações do caput deste artigo.

> Este é um ponto novo introduzido no provimento que nunca antes havia sido pensado. Tanto, que a frase "venda de bens", assim como a palavra "produto" (usada diversas vezes no texto geral) pegaram de surpresa muitas pessoas. Como a advocacia evoluiu e muitos advogados perceberam a importância do envolvimento de ferramentas como livros, cursos, seminários ou congressos em seu estratagema de marketing, esse ponto específico libera a possibilidade de se trabalhar com esses focos, desde que o público final sejam outros "amigos da lei".

§ 5º É vedada a publicidade a que se refere o caput mediante uso de meios ou ferramentas que influam de forma fraudulenta no seu impulsionamento ou alcance.

> Já escrevi diversas vezes, em artigos e colunas, sobre como frágil é o mercado, onde se tenta impressionar através de números que não fazem par com a realidade. Como regra geral, qualquer advogado que se proponha a comprar likes, comprar seguidores, fazer sorteios para angariar visualizações, usar robotização de aumento de alcance ou usar palavras chave de maneira fraudatória deveria ser punido com as mais altas consequências pois, além de não seguir as regras da advocacia, ainda não tem pudores com relação a simplesmente enganar o mercado. Basicamente sua atuação é baseada em mentiras. E como já pontuamos anteriormente, o mercado não precisa de um advogado enganador. Se você consegue bons resultados lutando justo (fair game), porque optaria por ser desonesto no seu marketing?

Art. 5º A publicidade profissional permite a utilização de anúncios, pagos ou não, nos meios de comunicação não vedados pelo art. 40 do Código de Ética e Disciplina.

Como o artigo 40 é citado em diversas partes deste novo texto, vale colocar ele na íntegra aqui para facilitar para você, leitor:

Art. 40. Os meios utilizados para a publicidade profissional hão de ser compatíveis com a diretriz estabelecida no artigo anterior, sendo vedados:

    I – a veiculação da publicidade por meio de rádio, cinema e televisão;

    II – o uso de outdoors, painéis luminosos ou formas assemelhadas de publicidade;

    III – as inscrições em muros, paredes, veículos, elevadores ou em qualquer espaço público;

    IV – a divulgação de serviços de advocacia juntamente com a de outras atividades ou a indicação de vínculos entre uns e outras;

    V – o fornecimento de dados de contato, como endereço e telefone, em colunas ou artigos literários, culturais, acadêmicos ou jurídicos, publicados na imprensa, bem assim quando de eventual participação em programas de rádio ou televisão, ou em veiculação

> de matérias pela internet, sendo permitida a referência a e-mail;
>
> VI – a utilização de mala direta, a distribuição de panfletos ou formas assemelhadas de publicidade, com o intuito de captação de clientela.
>
> Então, com exceção destes pontos acima citados, estão liberadas as publicações de anúncios institucionais mostrando a atuação do escritório, suas forças e diferenciais.

§ 1º É vedado o pagamento, patrocínio ou efetivação de qualquer outra despesa para viabilizar aparição em rankings, prêmios ou qualquer tipo de recebimento de honrarias em eventos ou publicações, em qualquer mídia, que vise destacar ou eleger profissionais como detentores de destaque.

> Este é um ponto polêmico do texto, mas que é completamente alinhado com minha linha de pensamento. Sempre defendi que não faz sentido nenhum você pagar para ganhar um prêmio, pagar para ser ranqueado, pagar para alguém te dizer que você é o melhor, mesmo eventualmente não sendo. O mercado sabe que aquele prêmio é falso ou que aquela publicação só te colocou lá em função do dinheiro que você pagou. Então qual o benefício disso tudo? Você

gasta, aparece e todo mundo fica rindo pelas suas costas porque você não teve competência de aparecer por mérito? Não vejo vantagem alguma. Perceba que o texto aqui não impede o escritório de ser ranqueado, desde que com metodologia clara, explícita e não paga, mas gastar dinheiro para estar nos ranqueamentos, esqueça. O escritório ou advogado pode estar lá, mas por mérito, não por verdinhas.

Vale ressaltar um detalhe que talvez seja importante. Existem premiações consagradas e reais no mercado, como, por exemplo, o Innovare, que premia escritórios e advogados que inovam em suas áreas e que acabam por contribuir à comunidade jurídica como um todo. Posso pagar para me inscrever (taxa de inscrição) para participar dele (e de outros)? Pode, sem problemas. Até porque você não está comprando o prêmio, mas sim apenas se inscrevendo para ser analisado. E aí sim, se tiver qualidade para ganhar o prêmio, parabéns. Comprar prêmio, não. Pagar para se inscrever em uma premiação, sim. São coisas diferentes. Do mesmo modo, pagar para aparecer em um anuário, não. Ser indicado pelo mercado como melhor em sua categoria e, aí sim, ser ranqueado, sem valores envolvidos, sem problemas. Coisas diferentes. Sempre.

§ 2º É permitida a utilização de logomarca e imagens, inclusive fotos dos(as) advogados(as) e do escritório, assim como a identidade visual nos meios de comunicação profissional, sendo vedada a utilização de logomarca e símbolos oficiais da Ordem dos Advogados do Brasil.

> Essa era uma pergunta que sempre me fazem. "Pode colocar fotos dos advogados nos materiais?". Sim, pode. E essa regra veio apenas para solidificar a ação já costumeiramente feita pelo mercado. Pode, desde que você não use as imagens com ostentação (já viu imagens nas redes de advogados que até alugam carros para tirar foto? Pois é.). Importante lembrar que estamos falando de imagens realistas do escritório. Então não adianta usar aquela imagem da uma sala de reunião que não seja a sua, só porque "ela é mais legal". Fotos reais, por favor.

§ 3º É permitida a participação do advogado ou da advogada em vídeos ao vivo ou gravados, na internet ou nas redes sociais, assim como em debates e palestras virtuais, desde que observadas as regras dos arts. 42 e 43 do CED, sendo vedada a utilização de casos concretos ou apresentação de resultados.

> Mais à frente no livro falarei e detalharei mais sobre os vídeos e as lives, que acontecem hoje como uma avalanche. O que podemos falar agora, nesse ponto, é que o texto veio consagrar

> uma ação que, tanto já era colocada em prática há muito tempo, quanto é de extrema valia para estratégia de sua carreira ou banca. O mercado hoje, principalmente depois da pandemia, já está balizado pela necessidade de ver um advogado discursar sobre determinado assunto na sua telinha, na live, palestra virtual ou vídeo artigo. Se você não atua ainda nesta frente, está um passo para trás de sua concorrência.

Art. 6º Fica vedada, na publicidade ativa, qualquer informação relativa às dimensões, qualidades ou estrutura física do escritório, assim como a menção à promessa de resultados ou a utilização de casos concretos para oferta de atuação profissional.

> Aqui o provimento fala de um ponto simples, que é não tentar impressionar o mercado através da promoção da sua estrutura física, em situações onde fazemos a publicidade ativa (ou seja, aquela que "atacamos" pessoas que não estão em nosso hall de contatos prévios). Um destaque elucidativo aqui neste item: não podemos colocar "informação relativa às dimensões, qualidades ou estrutura física do escritório", nem por escrito e nem em formato de fotos. Então a ação, para publicidade ativa, é proibida em qualquer ângulo pensado. Além disso, a segunda parte do texto fala que é impossibilitada a "promessa de resultados ou a utilização de

> casos concretos para oferta de atuação profissional". Isso bate completamente com minha linha de raciocínio. Como prometer resultados se sua função de advogado é de meio e não de fim? Como colocar um caso concreto com fonte de captura de novos trabalhos (muitas vezes com citação de nomes) e não passar a ideia de que eu serei o próximo a ser "exposto" nas ações de tal escritório?

Parágrafo único. Fica vedada em qualquer publicidade a ostentação de bens relativos ao exercício ou não da profissão, como uso de veículos, viagens, hospedagens e bens de consumo, bem como a menção à promessa de resultados ou a utilização de casos concretos para oferta de atuação profissional.

> Uau, esse ponto me emocionou. Não pelo texto em si, mas pelo fato de que salva a advocacia de um caminho que beirava o ridículo, na maioria das vezes. De tempos para cá, era um posicionamento pior que o outro... Era advogado alugando carro para fazer vídeo, gastando o dinheiro do supermercado para comprar charuto e relógio, fazendo vídeo com terno Armani no meio da favela, posando na frente de helicóptero para parecer que era dono e muito mais. Isso sem contar quando a ideia era colocar o advogado em algum cenário interessante, como uma cidade praiana (detalhe: vestindo terno) ou diversas

outras localidades que possam ser percebidas como caras, tudo isso na tentativa de passar a ideia de advogado super bem-sucedido. Pessoal, quem é bem-sucedido não precisa ficar ostentando riqueza nas redes sociais. Você já viu o Zuckerberg em um vídeo com música pop, em câmera lenta, onde a câmera passa "sem querer" pelo seu relógio Rolex e termina no painel do seu carrão? Pois é. Se realmente você acha que isso é a imagem correta para se projetar como advogado, talvez esteja na hora de parar de advogar e começar sua carreira como rapper. E mesmo assim ainda vai ser ridículo.

Art. 7º Considerando que é indispensável a preservação do prestígio da advocacia, as normas estabelecidas neste provimento também se aplicam à divulgação de conteúdos que, apesar de não se relacionarem com o exercício da advocacia, possam atingir a reputação da classe à qual o profissional pertence.

Aqui entra um ponto interessante. Se, por exemplo, o escritório quer "burlar" o Código de Ética/Provimento 205 e criar uma empresa paralela, com a intenção de captar clientes descaradamente, e depois passar os clientes para o escritório de advocacia, o que acontece? Segundo este ponto, esse tipo de "captação terceirizada" impacta diretamente na advocacia e vai ser impedido. A ideia é que a OAB interceda para que

> ações que impactem negativamente a advocacia sejam combatidas e tomará medidas para que essas empresas, cuja única função é a captação "se desviando das regras", sejam penalizadas. Nada mais justo. Ou a regra é para todos ou não. Se existir um canal "obscuro" que os advogados possam usar para gerar novos clientes, com certeza usarão.

Art. 8º Não é permitido vincular os serviços advocatícios com outras atividades ou divulgação conjunta de tais atividades, salvo a de magistério, ainda que complementares ou afins.

> Antes já existia a expressa proibição deste ponto, simples e claro. Não pode atrelar advocacia com outras profissões e ponto final. O avanço aqui foi a liberação da possibilidade de vinculação da atividade da advocacia com a de magistério, o que, institucionalmente falando, fortifica completamente a imagem daqueles que conseguem fazer essa conexão. Muito bom.

Parágrafo único. Não caracteriza infração ético-disciplinar o exercício da advocacia em locais compartilhados (coworking), sendo vedada a divulgação da atividade de advocacia em conjunto com qualquer outra atividade ou empresa que compartilhem o mesmo espaço, ressalvada a possibilidade de afixação de placa indicativa no espaço físico em que se desenvolve a advocacia e a veiculação da informação de que a atividade profissional é desenvolvida em local de coworking.

> Com a modernidade eminente na advocacia, o conceito de coworking foi bastante assumido por alguns escritórios e essa regra veio apenas para apaziguar o medo inerente que alguns tinham de estarem contra as regras. Não estão e nunca estiveram, desde que não usem os colegas de outras empresas do mesmo local para promoção conjunta ou captação terceirizada de clientes. Placa conjunta de espaço físico pode, mas acaba por aí. De resto, cada um no seu quadrado.
>
> Como sempre comento, meu ressalvo fica, não pela regra em si, mas pelo olhar do mercado. Se eu tenho diversos advogados que posso contratar para solucionar meu problema e um deles não tem sequer sede própria, meu instinto é depositar minha fé na pessoa que esteja mais "enraizada", mais solidamente apresentada. Esse é um fato. Então trabalhar em sistema homeoffice ou coworking é interessante, mas somente até o momento que você evolui para conseguir ter sua sede própria.

Art. 9º. Fica criado o Comitê Regulador do Marketing Jurídico, de caráter consultivo, vinculado à Diretoria do Conselho Federal, que nomeará seus membros, com mandato concomitante ao da gestão, e será composto por: I – 05 (cinco) Conselheiros(as) Federais, um(a) de cada região do país, indicados(as) pela Diretoria do CFOAB; II – 01 (um) representante do Colégio de Presidentes de Seccionais. III – 01 (um) representante indicado pelo Colégio de Presidentes dos Tribunais de Ética e Disciplina; IV – 01 (um) representante indicado pela Coordenação Nacional de Fiscalização da Atividade Profissional da Advocacia; e V – 01 (um) representante indicado pelo Colégio de Presidentes das Comissões da Jovem Advocacia.

> Esse é um dos pontos altos – pelo menos a meu ver – das novas regras: a criação de um Comitê Regulador de Marketing Jurídico. Se tiver a denominação "marketing jurídico" foi um avanço na percepção do mercado, ter o comitê sugere que cada vez mais o assunto vai ser levado a sério, com olhares de fiscalização, ensino e adaptação constante das possibilidades e avanços dentro do marketing. Essa foi realmente uma jogada de gênio pois, por si só, já transforma os artigos apresentados em texto mutável, não rígido. Se temos uma base de regras que podem ser analisadas pelo Comitê e alteradas conforme as novas tecnologias e possibilidades se apresentam, temos um provimento constantemente atualizado. Muitos pontos aos pensadores.

§ 1º O Comitê Regulador do Marketing Jurídico se reunirá periodicamente para acompanhar a evolução dos critérios específicos sobre marketing, publicidade e informação na advocacia constantes do Anexo Único deste provimento, podendo propor ao Conselho Federal a alteração, a supressão ou a inclusão de novos critérios e propostas de alteração do provimento.

> Como falei anteriormente, a importância do Comitê, além de fiscalizar, é realmente acompanhar todas as mudanças tecnológicas e disciplinares que envolvem o marketing jurídico no Brasil. Essa é uma percepção que só tem lado positivo a meu ver, pois faz com que a voz do advogado seja ouvida pela OAB. Pense bem nas duas situações a seguir, tendo em mente que a própria OAB já sinalizou que quer ter comunicação aberta com a advocacia sobre todas as mudanças envolvendo as ações de marketing:
>
> Situação 1: você é respeitador das regras do Código e do novo Provimento 205. Vê algum colega fazendo algo errado que atrapalha a advocacia como um todo. Ao invés de ter toda burocracia para denunciar este desleal colega (e vamos ser claros que a denúncia entre escritórios existe e sempre vai existir), agora temos a figura do Comitê, que pode – e deve – analisar caso a caso para ensinar – ou eventualmente punir –sobre as práticas éticas e corretas. Todo mundo ganha. Inclusive a pessoa denunciada que aprende agora

> que dá para fazer muito marketing correto dentro das regras.
>
> Situação 2: você conhece uma nova tecnologia e acha que isso, dentro dos preceitos do Código e Provimento, é uma ferramenta que pode se adaptar e ajudar os advogados do Brasil todo. Agora você tem canal direto com o Comitê para que seja feito um estudo sobre seu pedido e posterior inclusão nas possibilidades de atuação em marketing no novo Provimento. Todo mundo ganha. Incluindo você, que deu a sugestão, assim como os advogados do Brasil todo, que tem agora uma nova possibilidade de atuação.

§ 2º Com a finalidade de pacificar e unificar a interpretação dos temas pertinentes perante os Tribunais de Ética e Disciplina e Comissões de Fiscalização das Seccionais, o Comitê poderá propor ao Órgão Especial, com base nas disposições do Código de Ética e Disciplina e pelas demais disposições previstas neste provimento, sugestões de interpretação dos dispositivos sobre publicidade e informação.

> Minha visão é, e sempre foi, de que se a regra vale para todos, todo mundo deve respeitar. Então se você é um daqueles advogados que usa frases como "o Código é muito restritivo então não vale na realidade da advocacia" ou "a OAB não paga meus boletos então não vou seguir as

> regras", infelizmente a má notícia é que a fiscalização vai ser mais rígida à partir de agora. Mas o importante é entender que a percepção da maioria dos advogados que comentam as pérolas acima citadas (e outras piores), acaba sendo pela falta de conhecimento do que realmente pode ser feito com as possibilidades já aceitas dentro do Código e Provimento (até mesmo o 94/2000). Se você consegue implementar marketing de resultados com o que já temos efetivamente aprovado e ainda acrescido das novas regras, porque quer atuar de forma desleal, fora das aprovações? Sinceramente não entendo. É só saber como fazer o marketing corretamente que, mesmo dentro das regras colocadas, um escritório consegue crescer, se desenvolver e ser financeiramente saudável. Não precisa mais do que isso para quem entende do assunto.

Art. 10. As Seccionais poderão conceder poderes coercitivos à respectiva Comissão de Fiscalização, permitindo a expedição de notificações com a finalidade de dar efetividade às disposições deste provimento.

> Esse termo é importante pois mostra que o novo provimento não veio para brincadeira. O Comitê deve, portanto, começar os trabalhos para ajudar a adequar o cenário nacional perante as novas regras. Só dessa maneira o marketing

> jurídico conseguirá ser colocado para todos de maneira igualitária. Desejo e tenho certeza que o Comitê vai trabalhar forte e realmente atuante para modificar a mentalidade dos advogados em atuações focadas, eficazes e que sirvam para toda advocacia brasileira.

Art. 11. Faz parte integrante do presente provimento o Anexo Único, que estabelece os critérios específicos sobre a publicidade e informação da advocacia.

> Vamos analisar um por um dos pontos, na sequência.

Art. 12. Fica revogado o Provimento n. 94, de 05 de setembro de 2000, bem como as demais disposições em contrário. Parágrafo único. Este provimento não se aplica às eleições do sistema OAB, que possui regras próprias quanto à campanha e à publicidade.

> Tchau, Provimento 94/2000. Obrigado por tudo.

Art. 13. Este Provimento entra em vigor no prazo de 30 (trinta) dias a contar da data de sua publicação no Diário Eletrônico da OAB.

> Bem-vindo, Provimento 205/2021. Temos muito trabalho a fazer!

Brasília, 15 de julho de 2021.

Passamos agora à analise pontual do anexo, que também traz grandes mudanças na dinâmica marketing- advocacia.

ANEXO ÚNICO

Anuários

Somente é possível a participação em publicações que indiquem, de forma clara e precisa, qual a metodologia e os critérios de pesquisa ou de análise que justifiquem a inclusão de determinado escritório de advocacia ou advogado(a) na publicação, ou ainda que indiquem que se trata de mera compilação de escritórios ou advogados(as). É vedado o pagamento, patrocínio ou efetivação de qualquer outra despesa para viabilizar anúncios ou aparição em publicações como contrapartida de premiação ou ranqueamento.

> Conforme comentado anteriormente, aqui a vedação está em pagar para aparecer. Se o mercado referencia seu nome como detentor de algum título (qualquer este que seja), sem problemas. O proibido aqui é realmente pagar para aparecer nos anuários.
>
> E vale lembrar que aqui não podemos ficar atrelados à palavra "Anuário", mas sim no que a regra diz: não pode pagar para aparecer em compilações. Portanto não adianta vir com o discurso "eu paguei para estar em um

> Diretório e não em um Anuário" (conceitualmente são coisas diferentes). Coloco isso pois já vejo muita gente comentando que é só mudar o nome de anuário para qualquer outra coisa, continuar pagando pela aparição e tudo bem. Não funciona assim. Não adianta mudar o nome de anuário para diretório (ou qualquer outra denominação ou conceito), e tudo se resolve.
>
> Resumindo: agora, para aparecermos em um anuário, o esforço deixa de ser financeiro e passa a ser institucional, com a intenção de reforçarmos nossa marca, sermos reconhecidos pelo mercado e, portanto, referenciados pelo mesmo.

Aplicativos para responder consultas jurídicas

Não é admitida a utilização de aplicativos de forma indiscriminada para responder automaticamente consultas jurídicas a não clientes por suprimir a imagem, o poder decisório e as responsabilidades do profissional, representando mercantilização dos serviços jurídicos.

> Se pensarmos que respostas a questões jurídicas deveriam acontecer apenas para clientes ativos do escritório, fica fácil de entender porque o texto novo previne e proíbe esse tipo de ação. Além do mais, pelo menos para mim, o conceito de responder questões automaticamente, sem

o advogado estar envolvido para ser a personalização do escritório aos olhos do mercado, não faz sentido algum.

Aquisição de palavra-chave a exemplo do Google Ads

Permitida a utilização de ferramentas de aquisição de palavra-chave quando responsivo a uma busca iniciada pelo potencial cliente e desde que as palavras selecionadas estejam em consonância com ditames éticos. Proibido o uso de anúncios ostensivos em plataformas de vídeo.

> O tão sonhado dia para alguns advogados chegou. Está liberada a ferramenta Google Ads (ou qualquer outra ferramenta que tenha como base a compra e utilização de palavras chave para direcionamento de contatos). A medida foi uma das mais esperadas e que, com certeza, encabeça a lista de atualizações e mudanças neste novo provimento. Porém, é importante ponderarmos o que provavelmente vai acontecer no futuro. A verdade é que hoje muito advogado ainda acha que marketing digital é o marketing jurídico completo, ao passo que é apenas uma das mais de 60 opções de ferramentas que ao advogado tem para fazer marketing ético, como expliquei em meus outros livros. Pois bem, se hoje o mercado tem a imagem de que "se eu fizer uma ação digital vou crescer financeiramente"

(o que desconectado de um plano de marketing completo é uma mentira) e a OAB está agora liberando oficialmente a principal ação digital do momento (Google Ads), o que provavelmente vai acontecer? Todo mundo vai correr para lá, achando que a mina de ouro foi encontrada. Então veremos, em futuro breve, advogados se debatendo em ações digitais que terão cada vez menos eficácia. Todo mundo estará lá, sem diferenciações reais e sem entendimento da razão que as campanhas não estão dando certo. Antecipadamente já te respondo: você está usando 1 das 60 opções que tem e agora esta única ação que você considerava como a tábua de salvação está completamente tomada por outros tantos advogados que acham que marketing digital é o marketing jurídico completo. Se fosse, a maioria dos advogados estaria rico agora. Então, minha previsão é de saturação gradual da ferramenta, com cada vez menos resultados. Não que a ferramenta não seja boa, mas pelo fato de que teremos muitos advogados disputando à tapa os mesmos caminhos. Você nada em um oceano vermelho ou em um oceano azul? Entendedores entenderão.

Voltando à regra em questão, vale ressaltar aqui a frase "desde que as palavras selecionadas estejam em consonância com ditames éticos".

Isso significa que não pode colocar como palavra-chave, por exemplo, "lucros imediatos" ou qualquer outro tipo de palavra que possa atrair cliente, não pelo conteúdo relevante, mas sim pelas promessas de resultado, fazendo assim, uma venda explícita do escritório ou advogado. Cuidado então na criação desta campanha, pois é muito fácil identificar quais foram as palavras usadas na mesma.

Cartão de visitas

Deve conter nome ou nome social do(a) advogado(a) e o número da inscrição na OAB e o nome da sociedade, se integrante de sociedade. Pode conter número de telefone, endereço físico/eletrônico, QR Code que permita acesso aos dados/site. Pode ser físico e eletrônico.

Falarei mais amplamente sobre os cartões institucionais em capítulos à frente no livro, mas queria deixar aqui uma pequena dica: se oficialmente agora o QR Code é possível neste material, por favor não faça a besteira de colocar o acesso para as mesmas informações que o leitor já está vendo no cartão. Por várias vezes acessei o QR de um cartão físico simplesmente para acessar o mesmo cartão, só que eletrônico. Sentido?

Chatbot

Permitida a utilização para o fim de facilitar a comunicação ou melhorar a prestação de serviços jurídicos, não podendo afastar a pessoalidade da prestação do serviço jurídico, nem suprimir a imagem, o poder decisório e as responsabilidades do profissional. É possível, por exemplo, a utilização no site para responder as primeiras dúvidas de um potencial cliente ou para encaminhar as primeiras informações sobre a atuação do escritório. Ou ainda, como uma solução para coletar dados, informações ou documentos.

> Apesar de eu ver poucos escritórios usarem esta tecnologia em sua atuação, a nova frente possível é interessante. O que é o chatbot? É aquela conversa ou atendimento automatizado que pode ser robotizado (ou "treinado") para responder a um grande número de perguntas ou solicitações comuns em determinados cenários trabalhados. Basicamente é a programação inserida em um local de acesso do mercado (clientes ou não clientes) que pode dar os primeiros encaminhamentos (que antes eram feitos por pessoas) para algumas repetições do cotidiano, geralmente as mesmas perguntas ou indagações que o mercado tem com relação ao escritório.
>
> Imagina o tempo que conseguimos salvar quando existe um chatbot, por exemplo, no nosso site,

já programado para colher as primeiras informações, sejam elas cadastrais ou aquelas primeiras perguntas corriqueiras, e que possa direcionar aquela conversa para pessoas determinadas dentro do escritório? O tempo gasto que uma pessoa (real) do escritório gastaria nesta atuação seria tremenda e repetitiva, pois são geralmente as mesmas perguntas. Isso sem contar com o fato de que, usando o Chatbot, quando efetivamente chega a hora de uma pessoa real atuar na questão, já tem dados cadastrais e a maioria das respostas necessárias para avaliação do problema pontual.

Vale lembrar que, de maneira alguma, o chatbot deve ter a função de responder questões jurídicas, ajudando apenas em funções rotineiras que não demandam a expertise jurídica efetiva.

Correspondências e comunicados (mala direta)

O envio de cartas e comunicações a uma coletividade ("mala direta") é expressamente vedado. Somente é possível o envio de cartas e comunicações se destinadas a clientes e pessoas de relacionamento pessoal ou que os solicitem ou os autorizem previamente, desde que não tenham caráter mercantilista, que não representem captação de clientes e que não impliquem oferecimento de serviços.

> Esse ponto já era uma regra forte, desde sempre, no marketing jurídico. E vamos combinar uma coisa? Nenhum advogado que se preza vai achar que enviar uma mala direta vai dar certo, tanto em termos de resultado, quanto em termos de visualização institucional de sua carreira. É o pior dos cenários: você está fazendo uma ação ilegal, gasta muito, não tem o resultado que quer e ainda é visto como advogado "fundo de quintal". Se existe a expressão "ação win/win" (onde todos ganham em sua execução), essa seria uma ação lose/lose/lose/lose.

Criação de conteúdo, palestras, artigos

Deve ser orientada pelo caráter técnico informativo, sem divulgação de resultados concretos obtidos, clientes, valores ou gratuidade.

> De longe, as minhas ações preferidas no marketing jurídico. Independente de como está sua advocacia, independente de como está seu budget para marketing, independente de qual é seu público alvo e independente de quais áreas de atuação você faz, levar conteúdo para o mercado através de palestras, artigos e outros é o melhor caminho para ser referenciado e, eventualmente, reverenciado em sua profissão. Não há marketing que salve um escritório "copia e

cola", que não gera conteúdo próprio e não tem nada a acrescentar ao mercado.

Ferramentas Tecnológicas

Podem ser utilizadas com a finalidade de auxiliar os(as) advogados(as) a serem mais eficientes em suas atividades profissionais, sem suprimir a imagem, o poder decisório e as responsabilidades do profissional.

Obviamente este novo texto não poderia ignorar o avanço tecnológico que o mundo passa. Ninguém sabe o que pode acontecer, tecnologicamente falando, em tempos futuros. Então, desde que essa tecnologia não transforme a advocacia em "produto de prateleira", ignorando a necessidade da atitude, conhecimento e inteligência de um advogado por trás de um processo, não existe limites para que a tecnologia ajude a advocacia a evoluir.

Grupos de "whatsapp"

Permitida a divulgação por meio de grupos de "whatsapp", desde que se trate de grupo de pessoas determinadas, das relações do(a) advogado(a) ou do escritório de advocacia e seu conteúdo respeite as normas do Código de Ética e Disciplina e do presente provimento.

> Aqui a premissa básica pensada e idealizada é a mesma de como sempre falamos para a distribuição de uma newsletter. Você pode enviar, com conteúdo informativo, para clientes ativos, inativos ou pessoas que já autorizaram o envio.

Lives nas redes sociais e Youtube

É permitida a realização de lives nas redes sociais e vídeos no Youtube, desde que seu conteúdo respeite as normas do Código de Ética e Disciplina e do presente provimento.

> O que já era amplamente utilizado pela advocacia, fica liberado aqui no papel e em regra efetiva. Falarei mais à frente sobre essa ferramenta, mas fica aqui uma dica inicial: cuidado com a super exposição.

Patrocínio e impulsionamento nas redes sociais

Permitido, desde que não se trate de publicidade contendo oferta de serviços jurídicos.

> Esse era um ponto que muitos estavam esperando neste novo texto e eu ranqueio como a segunda (depois da liberação do Google Ads) mais importante evolução neste novo provimento. Uma das perguntas que sempre recebo é "Pode fazer impulsionamento nas redes?" e depois de

muito tempo, brigas internas e politicagem nos trâmites jurídicos, temos finalmente a resposta: Yes, We Can! Neste texto fica então consagrada a possibilidade real de uso desta ferramenta de marketing, obviamente respeitando-se a não venda direta de serviços e nem a comercialização da advocacia. O conteúdo adequado aqui então é o rei. Use com moderação. Como falarei um pouco mais sobre isso no decorrer do livro, não vou ficar repetindo os termos anteriores, mas repito a preocupação: use com moderação.

Petições, papéis, pastas e materiais de escritório

Pode conter nome e nome social do(a) advogado(a) e da sociedade, endereço físico/eletrônico, número de telefone e logotipo.

Outro ponto que veio apenas para colocar no papel (literalmente) o que efetivamente já era utilizado há anos pela advocacia: a customização de seus materiais com logotipia e dados importantes. Nada mais correto em termos de marketing institucional.

Placa de identificação do escritório

Pode ser afixada no escritório ou na residência do(a) advogado(a), não sendo permitido que seja luminosa tal qual a que se costuma ver em farmácias e lojas de conveniência. Suas dimensões não são preestabelecidas, bastando que haja proporcionalidade em relação às dimensões da fachada do escritório ou residência, sempre respeitando os critérios de discrição e moderação.

> O engraçado nesse ponto é que tem tanta gente sem noção em termos de marketing, que o novo provimento teve a obrigação de basicamente falar: "escuta, você não pode parecer uma padaria, ok?". É hilário, se não fosse trágico em termos de imagem corporativa.
>
> Para ficar uma dica mais produtiva do que apenas o lamentar, pense a placa de seu escritório em dois formatos: se você tem um escritório em uma casa comercial ou residência, a placa poderia ser um pouco maior do que a porta de entrada de clientes. Se você tem seu escritório em uma sala comercial ou apartamento, a placa poderia ser um pouco menor que a largura total da porta. Nas duas situações, nada de luz, neon, laser ou outro ponto chamativo, afinal de contas você não é um parque de diversões.

Redes Sociais

É permitida a presença nas redes sociais, desde que seu conteúdo respeite as normas do Código de Ética e Disciplina e do presente provimento.

O próprio provimento novo não faria sentido algum se esse item não fosse alinhado como possibilidade real. As redes sociais foram talvez o ponto inicial de questionamento da efetividade do Provimento 94 e sua real adequação ao mundo moderno. Como uma gama de milhares de perguntas eram direcionadas às redes sociais e sua possibilidade dentro do mundo jurídico, essas talvez tenham sido o embrião deste novo provimento que você vê hoje como realidade. Resultado: redes sociais e todos seus desdobramentos, respeitadas as regras de discrição, são permitidas.

CAPÍTULO 4

RESUMO DOS AVANÇOS DO NOVO PROVIMENTO

Fazendo um resumo das mudanças, o novo provimento teve tanto avanços importantes reais, quanto alinhamentos de conceitos já utilizados pela advocacia há muitos anos.

Porém, antes de fazer um resumo destes principais avanços, a minha pergunta para você, leitor, é a seguinte: você vai usar?

Veja, a pergunta é simples e clara: se temos, no mínimo, 60 ferramentas e ações éticas permitidas dentro do Código de Ética e agora do novo Provimento 205/21 e você não atua com nenhuma, por que quis que esse leque fosse ampliado? Para parecer ainda mais desatualizado e ver os advogados proativos (e que efetivamente já estão trabalhando estas ferramentas possíveis da maneira correta) se destacarem ainda mais? Seria a mesma coisa que querer estar em forma, saber que existem diversos exercícios para que isso aconteça, não fazer nenhum deles e ainda pedir para a academia comprar novos aparelhos. Para mim não faz muito sentido.

Mas vamos ao resumo das mudanças, que é o que você está procurando nesse capítulo. Em uma linha geral, os principais itens dignos de citação ou de comemoração no novo código são (e, por favor, automaticamente após cada um destes pontos leia mentalmente "se conduzidos sob a conduta ética e sobriedade particulares da advocacia"):

- » o efetivo reconhecimento do termo "marketing jurídico" na advocacia (talvez os advogados menos entendedores não se assustem tanto a partir de agora);
- » as definições mais pontuais dos conceitos apontando o que efetivamente é publicidade ativa, passiva e outros (conceitualizar é tudo em termos de marketing);
- » a possibilidade do marketing de conteúdo ser utilizado de forma ativa ou passiva (muita gente estava aguardando a palavra "ativa" há muitos anos);
- » a permissão da divulgação de imagem, vídeo ou áudio contendo a atuação profissional (interessante ponto visual de conduta do marketing jurídico);
- » a permissão da publicidade profissional na utilização de anúncios, pagos ou não (essa era uma dúvida que rondava a advocacia há anos);
- » a proibição de pagamento ou patrocínio para viabilizar aparição em anuários, recebimento de premiações, prêmios ou qualquer tipo de evento classificatório (ponto polêmico, mas efetivamente muito "pé no chão" para advocacia);
- » a criação do Comitê Regulador do Marketing Jurídico (advogados atuantes fora do Código, cuidado à partir de agora);

- » a proibição da utilização de aplicativos para respostas automáticas a consultas (a estratégia de muitos advogados que tentam "cortar caminho" foi por água abaixo, pois, convenhamos, a ideia de participar desse tipo de aplicativo era prospectar clientes...);
- » a permissão da utilização do Google Ads, assim como patrocínio e impulsionamento nas redes sociais (nada mais justo, se conduzido pelo lado de informação e ajuda ao mercado);
- » a permissão da lives nas redes sociais e Youtube (idem o ponto acima).

Na minha visão – e eu sempre disse isso, desde o início – conteúdo é mais importante do que o formato. Isso significa dizer que se você se projeta da maneira correta, com a mensagem compatível com a sobriedade da advocacia e com um conteúdo importante para a comunidade como um todo, nenhum veículo deveria ser proibido. Se você está focado em ajudar seu público alvo, através de informações relevantes, ao invés de tentar vender seu serviço, nada deveria ser fora dos limites. Essa deveria ser uma premissa básica para toda ação de marketing jurídico possível no mercado hoje. A ideia é, e sempre foi, mostrar como conquistar uma atuação decente e sustentável dentro dos itens possíveis e éticos e, portanto, mostramos nos próximos capítulos as diversas ferramentas possíveis dentro do cenário advocatício atual.

CAPÍTULO 5

DEFINIÇÃO DE MARKETING JURÍDICO

Não posso ter um livro de marketing jurídico sem uma definição concreta sobre o termo. Simplesmente não posso. Então, correndo o risco de ser repetitivo com os meus livros anteriores, segue minha definição própria de marketing jurídico:

"Marketing Jurídico é a força motora que traça o caminho ético mais efetivo entre os recursos financeiros existentes de um escritório e os objetivos traçados pelos seus sócios."

Como alerta final deste capítulo deixo apenas o seguinte: aqueles que entendem de apenas uma parte do marketing jurídico sempre vão tentar vender o peixe deles com se aquele item fosse o marketing jurídico completo. Marketing Jurídico é um só e nunca pode ser substituído por um "braço" do marketing, se passando pelo todo.

Cuidado então com nomenclaturas "diferenciadas" (que muitas vezes são criadas apenas para dar um ar inovador em uma coisa que já é praticada normalmente) como Marketing Multiangular, Marketing Direto e Indireto, Marketing de Conteúdo, Marketing Digital, Marketing de Relacionamento, Marketing de Posicionamento, Marketing de Guerrilha, Marketing de Permissão, Marketing de Performance, Marketing Multinível, Marketing de Afiliados, Marketing B2B, Marketing B2C, Endomarketing, Agile Marketing, Linha Situacional, SPIN Selling, N.E.A.T. Selling, Venda Conceitual, SNAP Selling, Sistema Sandler, MEDDIC, Venda de Solução, AMD, Flywheel Marketing, Marketing Social, Marketing de Nicho, Marketing de Fidelização, Marketing Promocional, Marketing de Proximidade, Mobile Marketing, Inbound e Outbound Marketing, entre diversas outras.

Muitas são complementares ou sequenciais, mas a verdade é que são pedaços do Marketing.

Marketing Jurídico é o carro completo. O restante são partes do carro. Importantes, sem dúvida alguma, mas nunca podem ser vendidas como se fossem o carro por inteiro.

Entendeu e absorveu isso? Então seguimos para os próximos capítulos.

CAPÍTULO **6**

PONTO PRINCIPAL DE DESTAQUE NO MARKETING JURÍDICO NA ATUALIDADE: Diferenciais Reais

Antes de falarmos das mudanças efetivas e como as ferramentas citadas foram modificadas, é importante mostrar qual o principal ponto que o marketing se baseia para evoluir um escritório ou carreira: o seu diferencial real.

A verdade é que hoje estamos entre os países no mundo com o maior número de advogados, totalizando uma média aproximada de 1 para cada 180 habitantes. O problema não está em conhecer estes dados, mas sim perceber que não dá mais para sobreviver sem o auxílio de um posicionamento diferenciado no mercado.

E esse é o gancho que quero comentar nesta parte de nosso livro, e que é uma das pérolas que o marketing jurídico traz para advocacia: como se diferenciar. Imagine, apenas a título de visualização, 1.000.000 martelinhos alinhados, um ao lado do outro. Se você tivesse que escolher um, qual seria sua opção? Difícil, certo? E é exatamente isso que o mercado sente ao ter que escolher um advogado que se porta exatamente igual aos demais, sem nenhum tipo de diferenciação. Isso serve, indiscriminadamente, para o advogado solo, o escritório micro, o pequeno e o médio. São estes os que mais precisam do marketing para mostrar seu diferencial ao mercado.

A ideia por trás de criar um diferencial é responder as seguintes perguntas:

- » Por que um cliente prospectivo nos contrataria?
- » Por que ele me escolheria e não meu concorrente mais próximo?
- » Quais as razões que estamos dando hoje (e que estejam condizentes com a nossa missão, visão e valores) para que o mercado nos perceba como merecedores de contrato?

Diversos itens podem ser usados como diferenciadores, sejam eles:

- » **Tradição:** quando o escritório tem grande tempo de atuação e experiência.
- » **Especialização:** quando o escritório tem foco único em uma área específica (Cuidado: não existe "somos especializados em diversas áreas de atuação").
- » **Marca Reconhecida:** quando o escritório tem credibilidade dada pelo mercado, inclusive através de premiações (reais apenas, lembre-se que o provimento novo proibiu a compra de premiações).

- **Benchmarking:** quando o escritório tem tanta significância no mercado que é visto como exemplo de escritório modelo para aquele determinado setor.
- **Atendimento Personalizado:** quando o escritório tem foco total no cliente incluindo atendimento direto dos sócios ou grupo selecionado.
- **Atendimento Contínuo:** quando o escritório tem plantão 24 horas ou horários diferenciados de atendimento.
- **Resultados Reais:** quando o escritório consegue comprovar seus resultados em pelo menos 80% dos casos trabalhados.
- **Organização:** quando o escritório tem uma estrutura ideal e completa, com todas as necessidades que o cliente possa ter, incluindo, por exemplo, departamentos de execução de cálculos processuais, cobrança de valores, suporte para apuração e cálculo do passivo, entre outros.
- **Atuação em Território Nacional e Internacional:** quando o escritório pode atender os clientes em um módulo geográfico completo, seja com filiais próprias ou parcerias e correspondentes.
- **Excelência na Qualidade Técnica Profissional:** quando o escritório conta com profissional de alto calibre técnico, inclusive com professores em seu quadro.
- **Tecnologia de Ponta:** quando o escritório dá facilidades tecnológicas aos clientes através de programas de acompanhamento processual acessíveis direto no site, análise robótica de possibilidade de ganho e aplicativos do escritório para andamentos de fácil entendimento e notícias customizadas.

- **Atuação Preventiva / Antecipação:** quando o escritório consegue prevenir situações de risco antes mesmo que o cliente perceba, pois está antenado nas evoluções políticas e mercadológicas.
- **Grandes Contas:** quando o escritório tem nomes de clientes reconhecidos em seu quadro.
- **Transparência:** quando o escritório tem rotina de apresentações situacionais mensais indicando os próximos passos de sua atuação.
- **Agrupador de Consultores:** quando o escritório trabalha para determinado nicho novo de atuação e contrata um consultor do setor para instruir e aconselhar as decisões jurídicas, baseadas também pela visão da rotina do dia a dia deste profissional.
- **Confiança:** quando o escritório ganha tanto envolvimento satisfatório com o mercado que existe uma demanda espontânea de novos clientes através de clientes antigos.
- **Qualidade de Procedimentos Internos:** quando o escritório está tão evoluído em seus movimentos internos que consegue tirar o ISO 9001 de excelência.
- **Lealdade:** quando o escritório implementa um plano de recompensa funcional para clientes antigos que merecem ser beneficiados pela constância de atuação junto à banca.
- **Novos Caminhos Estratégicos:** quando o escritório tem saídas comprovadamente inovadoras para os clientes. Geralmente é aquela banca que gera teses ou resoluções novas que são copiadas rapidamente pelo mercado.

- » **Inteligência Jurídica:** quando o escritório consegue combinar teses ou trabalhos de outros e acaba gerando novas oportunidades para seu mercado.
- » **Visão de Negócios:** quando o escritório se porta como um consultor de negócios dentro da empresa contratante.
- » **Visões Complementares:** quando o escritório conta com um mix de profissionais com experiência tanto em escritórios de advocacia quanto em departamentos jurídicos de empresas, podendo fazer uma análise maior de ângulos de trabalho.
- » **Multidisciplinariedade:** quando o escritório tem visão integrada e sistêmica dos diversos ramos do direito para propiciar uma ampla e coerente análise da situação do cliente.
- » **Sistema "Multiportas" de Acesso à Justiça:** quando o escritório busca da via adequada para a solução da questão apresentada, dentre os diversos métodos disponíveis, tais como: negociação, conciliação, mediação, arbitragem, judiciário, dispute board, etc.
- » **Desjudicialização:** similar ao ponto anterior, é quando o escritório aposta apenas em vias alternativas para resolver os problemas, focando exclusivamente em métodos que não envolvam o judiciário.
- » **Advocacia Humanizada:** quando o escritório tem atendimento jurídico com enfoque humanizado, valorizando, entendendo e respeitando o cliente muito mais enfatizado do que o trâmite comum de advogado/cliente.
- » **Redução:** quando o escritório consegue ter um desenho de operação que consegue implementar o mesmo

trabalho e resultados que um escritório maior, porém com menos pessoas e menor custo.

» **Singularidade:** quando o escritório atua no formato onde cada processo é comprovadamente começado do zero, com estudos completos, sem nunca existir a cópia de nada. É provadamente um trabalho artesanal, geralmente feito por mais de um advogado.

» **Modernidade:** quando o escritório tem uma proposta de atuação disruptiva com relação a imagem formal da advocacia, trazendo assim um formato, tanto físico em sua sede, quanto em seus materiais institucionais, mais próximo às empresas modernizadas.

» **Resolvedor:** quando o escritório se posiciona como aquele que conserta os erros de outros advogados que já tenham trabalhado no caso e não tenham dado resultado, ou, em muitos casos, piorado a situação do cliente.

Estes são apenas alguns dos ganchos ou ângulos que podem ser explorados na visualização diferenciada de um escritório. Existem outras dezenas de ideias que podem ser criadas para se adequar a qualquer escritório, de qualquer porte.

Falha o advogado que acredita apenas nos seus vastos conhecimentos jurídicos como aposta para captar novos clientes e se consolidar na carreira. Esse tempo já passou e até os pequenos devem se comportar de forma estratégica, criando uma marca forte, reconhecida e, principalmente, diferenciada no mercado.

Não seja mais um no mar exaustivo de martelinhos na advocacia.

CAPÍTULO **7**

CONCEITOS ESSENCIAIS PARA APLICAÇÃO DO MARKETING JURÍDICO: Áreas de Atuação X Nichos de Prospecção

Outro ponto que é importantíssimo ser comentado neste livro – e que vejo como erro constante na advocacia – é a falta de entendimento sobre a diferença entre os conceitos de "áreas de atuação" e de "nichos de prospecção", o que acaba sendo essencial para o foco de toda sua atuação e busca de novos negócios no mercado.

Começo essa parte voltando alguns anos em minhas palestras e cursos. Logo nas primeiras palestras que comentava sobre "nichos de prospecção", comecei a perceber olhares de "o que esse doido está falando?". Para mim a diferença entre áreas de atuação e nichos prospectivos era muito clara e, ingenuamente, acreditava que todos os presentes nas palestras automaticamente estavam entendendo do que eu estava falando. Ledo engano de principiante. Muitos efetivamente saiam da palestra sem entender esses importantes conceitos que ecoam por toda a vida do advogado.

Foi só quando comecei a perguntar efetivamente aos presentes, questões como "e qual seu nicho prospectivo?", "em quais os nichos prospectivos que você está se projetando?" e outras, que percebi, concretamente, que muitos não sabiam a diferença entre os dois itens, pois as respostas geralmente eram "meu nicho prospectivo é o direito trabalhista" ou "tributário é o nicho prospectivo que busco".

Nem vou entrar na polêmica de que a faculdade de direito prepara o advogado para ser advogado e não para gerir um escritório ou a carreira. Isso já é bastante explorado e conhecido por todos. Se isso fosse uma realidade, pelo menos o básico dos conceitos importantes para a administração seria ensinado.

Vamos fazer então o que a faculdade deveria ter feito e conceitualizar os dois termos:

Áreas de Atuação: são as áreas do direito que você presta serviço, aquelas nas quais você tem grande conhecimento e que pode ajudar os seus clientes. Exemplos: Direito Civil, Direito Societário, Direito Trabalhista e por aí vai. Esse conceito todo mundo sabe, certo?

Nichos Prospectivos: são as áreas mercadológicas que você está querendo trabalhar, se projetar, se inserir e/ou conquistar clientes. Exemplos: empresas de transportes, de construção civil, da área alimentícia, da área têxtil e por aí vai. Vale lembrar que se você trabalha com pessoa física, também existe a necessidade de criar seus nichos de busca prospectiva. Exemplos: empregadas domésticas, bancários, servidores públicos, etc. É tudo mais fácil (incluindo todas as ações de marketing que visam a conquista de novos negócios) quando sabemos efetivamente quem queremos em nossa carteira, seja pessoa física ou jurídica.

E, como seria de se esperar, nestes mais de 20 anos falando de marketing jurídico, alguns "causos" engraçados tinham que surgir nas palestras, como a história da espirituosa advogada que, ao ser questionada sobre qual o nicho de prospecção era o desejado por ela, me respondeu "japoneses!". A classe inteira riu bastante e ela, empolgada com as reações do pessoal (incluindo a minha) completou "tem olhinho puxado, eu já saco o cartão!". Ela alegrou nossa noite. Ou ainda, a história do senhor que confundiu "nicho" com "bicho" e me respondeu "realmente fazer prospecção hoje em dia é um bicho de sete cabeças". Pensando bem, ele não estava errado.

E já que estamos falando em focar em um alvo prospectivo, quero deixar mais uma dica: além de saber qual seu público alvo, tenha mapeada as características gerais desse segmento desejado. Se você fizer uma análise inteligente, terá na mão um "raio X" mais preciso desse *target*, sendo que isso se assemelharia a algo como (apenas exemplos):

Raio X de Pessoa Jurídica para Prospecção
- » Empresas de médio porte
- » Renda anual acima de R$ 10.000.000,00/ano.
- » Localizada na região de Campinas

- » Áreas: transportes / têxtil / alimentícia.
- » E outras informações.

Raio X de Pessoa Física para Prospecção

- » Ex-Bancários
- » Renda até 5 mil
- » Entre 30 e 60 anos
- » Gênero H/M
- » Endereço em SP
- » Com graduação e/ou pós
- » E outras informações.

Quero deixar claro aqui que entendo que o advogado não é obrigado a entender os termos comuns do marketing, mas é muito importante estudar e se instruir para conquistar mercado (conhecer outros conceitos além do direito, na verdade atual, é uma premissa básica de diferenciação perante os concorrentes). Conhecimento é, e sempre será, poder. E é até por isso que me propus a incluir essa parte no livro. Não como crítica, mas sim na intenção de ajudar a desmistificar os dois conceitos que, na minha visão, são alicerces para entendimento do seu próprio negócio e evolução prospectiva.

CAPÍTULO 8

CONCEITOS ESSENCIAIS PARA APLICAÇÃO DO MARKETING JURÍDICO:
Modelos de Negócios, Forma de Atuação e Produto

Nos capítulos anteriores, desmistificamos a conceitos de publicidade e propaganda, o que são os ângulos de diferenciais, mostramos qual a diferença entre áreas de atuação e nichos de mercado e, neste, gostaria de ajudar elucidando o que seriam alguns conceitos que ainda vemos de forma errada no mercado. Estes erros tem nome: 1) Modelos de Negócios, 2) Forma de Atuação e 3) Produto.

1) Modelo de Negócios: é a forma como assumimos a atuação do escritório, ou seja, como fazemos negócios modulados pelo conceito escolhido. Isso significa que, para estruturarmos um plano mais consistente de atuação em termos de marketing, o ideal é que possamos trabalhar dentro de um molde de atuação pré-definido, para que assim, possamos nos mostrar da maneira adequada e traçar estratégias dentro deste formato. Existem diversos tipos de modelos, mas os mais conhecidos são:

Full Service: geralmente este formato é para escritórios maiores, onde temos o atendimento em todas as áreas do Direito. Ele acaba sendo atuante em escritórios maiores justamente porque mostra pelo menos um advogado cuidando de cada uma das áreas de atuação. Veja a diferença deste para o próximo formato.

Generalista: diferente do ponto anterior, o escritório tem foco em atender todas as áreas do direito mais tem poucos advogados para atender tudo. Este formato é bastante prejudicial à visualização institucional do escritório, tendo em vista que mercado percebe que um ou dois advogados não conseguiriam se instruir e acompanhar todas as evoluções de todas as áreas do direito constantemente. Visualiza-se então que o conhecimento de cada uma das atuações é bastante superficial e compromete o resultado final de seu trabalho.

Abrangente: é quando o escritório faz as principais áreas do direito. Quando falamos "principais" é necessário entender que são as áreas mais importantes para o cliente e que fazem sentido dentro dos problemas mais comuns ao mesmo. Geralmente são áreas correlatas.

Especializado: aqui entra um grande erro do mercado. Muita gente tem a falta de entendimento de que o conceito de ser especializado é para apenas uma área do direito. É comum olhar descrições dos escritórios nos sites e ler "somos especializados em área X, Y, Z". Isso está errado. Se destacar como especializado é indicado para uma única área de atuação. Se você tem foco no Direito X, Y, Z poderia ser Full Service ou Abrangente, isso se as características, como colocadas nos outros parágrafos, estiverem condizentes.

Boutique: o conceito de boutique jurídica é um dos mais propagados no mundo jurídico e um dos erros mais clássicos no posicionamento. Quando você é reconhecido pelo mercado como dono de saídas inovadoras reais, condição de atuação refinada, trabalho de excelência em situações complexas e atuação triunfante em casos que dificilmente outros escritórios teriam experiência para ter sucesso, você pode ser um escritório boutique. Note que eu falei "reconhecido pelo mercado" e não auto intitulado, que é o grande erro dos advogados. Portanto, não adianta você falar que é boutique, se o mercado não te validou com essa condição. Ser pequeno não é ser boutique, ter estrutura enxuta não é ser boutique, ser especializado não é ser boutique, ter poucos clientes não é ser boutique, ter atendimento personalizado não é ser boutique, ter qualidade no trabalho não é ser boutique. Todas estas qualidades acima MAIS o reconhecimento do mercado, aí sim temos um escritório com o conceito europeu de boutique.

Escala/Massa: um dos formatos mais conhecidos pelo mercado, onde o escritório ganha no volume de ações que trabalha. Vale o lembrete que está matando muitos escritórios em sua relação com o mercado cada vez mais exigente: ter uma operação com volume alto de ações não é uma permissão para usar o "copia e cola" de maneira aleatória.

Estes são, não exclusivamente, alguns tipos de modelos de negócios. Tenha em mente qual se adapta melhor para seu estilo de atuação e mãos à obra. O que não pode é ter uma atuação do estilo "vamos tocando do jeito que aparece".

2) Forma de Atuação: uma velha conhecida dos advogados é a resposta "contencioso" ou "consultivo" quando perguntados "Qual área do Direito você atua?". Diariamente recebo esse tipo de resposta e infelizmente está errada. Contencioso ou consultivo são as formas de atuação dentro da área do Direito e não a área em si. Se você atua aconselhando seu cliente a não ter problemas ou se o ajuda a resolver suas questões já solidificadas, a verdade é que isso é o formato que você escolheu para atuar (antes, depois ou os dois) e não a área em si.

3) Produto: uma das questões mais complicadas dentro da advocacia é entender a importância do conceito "Produto" dentro do marketing, em especial dentro de uma fase prospectiva. Produto, dentro do marketing jurídico, nada mais é do que o benefício real que você está propondo ao mercado como alavancador de negócios. Ele pode ter diversos ângulos e formatos, praticamente impossíveis de serem mapeados todos em uma publicação. O que acredito ser ideal em nosso livro, apenas como provocação para reflexão em cada carreira e escritório, são as características que estes produtos/benefícios/temas de conversação com o mercado, podem ter:

Devem ser inovadores: este é o fator mais importante. Temas que todo escritório sabe discutir não chamam atenção e não funcionam.

Devem mostrar benefícios para os clientes: falar sobre o que o cliente pode restituir, compensar ou deixar de pagar, sempre causam maior curiosidade no prospectivo.

Devem ser focados: vale mais criar temas focados em áreas específicas (a área que queremos prospectar) do que gerar temas genéricos.

Devem ser necessários: uma análise prévia do que o mercado necessita é importante para saber o que oferecer.

Devem mostrar as várias áreas de atuação do escritório: mostrar um tema em apenas uma área de atuação muitas vezes é pouco para chamar a atenção do prospectivo. O ideal é mostrar temas novos em diversas áreas, como por exemplo: um tema novo trabalhista, um tema novo tributário, e assim por diante.

Devem refletir a realidade atual: os temas devem falar, preferencialmente, sobre mudanças atuais no cenário do econômico atual.

Devem sair na frente: não espere para estudar à exaustão o tema antes de oferecê-lo ao mercado. Seja rápido e ofereça-o antes de seus concorrentes.

Devem ter linguagem simples e efetiva: título simples, resumindo o benefício oferecido e um pequeno resumo de 3 linhas (no máximo) são imprescindíveis para o entendimento do que está sendo oferecido.

Devem ser bem trabalhados: os temas não aparecem de um dia para outro. Sem envolvimento e trabalho focado entre os profissionais dificilmente sairão temas interessantes. A prospecção só terá sucesso com bons temas elaborados.

Devem analisar a concorrência: veja quais são os temas de palestras, artigos, site, etc., que sua concorrência está trabalhando. Isso é um grande balizador do que o mercado está absorvendo no momento.

Os escritórios que realmente conseguem fazer uma prospecção ética de trabalhos entendem que a exposição de temas de conversação com o mercado (podemos chamar também de benefícios ou produtos) são essenciais para um "ataque" mais direcionado ao público que gostaria de entender e usufruir deste tipo de oportunidade.

CAPÍTULO **9**

TESTES RÁPIDOS

Se você leu os capítulos 7 e 8 está, com certeza, mais apto a entender e aplicar o marketing como um todo. Vamos testar rapidamente esse novo conhecimento? Vamos lá!

Se eu te pergunto: Qual sua área de atuação? Sua resposta poderia ser:

1) Direito Tributário
2) Contencioso Tributário
3) Recuperação Judicial
4) Empresas de Transporte
5) Especializada

Se eu te pergunto: Qual seu nicho prospectivo? Sua resposta poderia ser:

1) Direito Tributário
2) Contencioso Tributário
3) Recuperação Judicial
4) Empresas de Transporte
5) Especializada

Se eu te pergunto: Qual modelo de negócios? Sua resposta poderia ser:

1) Direito Tributário
2) Contencioso Tributário
3) Recuperação Judicial
4) Empresas de Transporte
5) Especializada

Se eu te pergunto: Qual sua forma de atuação? Sua resposta poderia ser:

1) Direito Tributário
2) Contencioso Tributário
3) Recuperação Judicial
4) Empresas de Transporte
5) 5 – Especializada

Se eu te pergunto: Qual seu produto? Sua resposta poderia ser:

1) Direito Tributário
2) Contencioso Tributário
3) Recuperação Judicial
4) Empresas de Transporte
5) Especializada

Se você respondeu, respectivamente, 1-4-5-2-3, parabéns! Você adquiriu conhecimento e se livrou de erros que mais de 80% dos advogados comete, simplesmente porque não entendem a conceituação correta do que estão falando.

CAPÍTULO 10

AS MUDANÇAS NA PRÁTICA

Nos capítulos anteriores, falamos das mudanças que o novo provimento trouxe e, agora, gostaria de destrinchar um pouco os itens, já com uma abordagem mais prática e funcional. Coloco aqui, então, alguns dos principais pontos e minha percepção sobre o item.

Impulsionamentos Pagos em Ambiente Digital

Este talvez tenha sido o grande avanço do novo provimento e que impacta mais profundamente na vida dos advogados, em especial os mais jovens e iniciantes na carreira.

Uma dúvida constante do mercado, até a votação do Conselho Federal, era a de que, ao se liberar o impulsionamento, esta ação geraria desequilíbrio do mercado, tendo em vista que os grandes escritórios de advocacia poderiam investir muito mais do que pequenos escritórios ou advogados que atuam sozinho. Mas aqui entra aquela premissa básica de que muitas guerras são ganhas com estratégia e não com força bruta ou dinheiro. A verdade é que, se um escritório pequeno souber criar uma campanha da maneira correta, com estratégia e foco (lembra o que falamos sobre público alvo anteriormente?), consegue que sua publicação impulsionada seja visualizada com resultados excelentes e pouco custo. Da mesma maneira, um escritório grande pode investir muito dinheiro e não ter o resultado adequado simplesmente porque não teve estratégia por trás da ação.

Outro fator a ser considerado aqui é que o engajamento (e resultado do impulsionamento) tem a ver com o conteúdo de qualidade. Não tem dinheiro no mundo que ajuda uma publicação que não fala diretamente com as dores do seu público.

Então aqui a verdade é que a evolução que a advocacia teve neste ponto foi muito grande. Onde a realidade antes era de que a maioria dos escritórios investia nos impulsionamentos (através do Google ou das redes sociais) mas ficava morrendo de medo de que isso pudesse virar uma representação, agora temos a certeza e segurança jurídica de que a ferramenta está legitimada como ação real, possível e acessível a todo advogado. Mas, por favor, entenda, o impulsionamento é para conteúdos jurídicos adequados aos preceitos que já falamos exaustivamente em capítulos anteriores. Não pense que você pode impulsionar um "Quer ficar livre de dívidas, fale conosco" ou "Resgatamos seus tributos indevidos, marque uma reunião ainda hoje" que a representação virá do mesmo jeito.

Falando mais na prática da ferramenta, vamos conceitualizar os dois principais tipos de impulsionamento: links patrocinados em sites de buscas e links patrocinados em redes sociais.

Links patrocinados em sites de buscas: é um formato de anúncio publicitário pago, oferecido por diversas ferramentas, mas capitaneada fortemente pelo Google (o famoso Google Ads). O anúncio é baseado em escolhas de palavras-chave que possam atrair seu público alvo a conhecer seu conteúdo. Quando estas palavras são pesquisadas nos sites de busca, seu anúncio aparece nas primeiras colocações da página resposta. Obviamente existem diversas nuances de preferência que mudam constantemente, mas esse é o princípio básico dos links patrocinados: a pessoa pesquisou uma palavra que mapeamos, nosso anúncio aparece em primeiro lugar e ele pode acessar o link colocado. O pagamento é feito apenas quando alguém clica no seu anúncio, o chamado CPC – Cost Per Click (Custo por Clique). Com o link patrocinado é possível segmentar o anúncio por palavras-chave, geo-localização e horário, e ainda criar estratégias para divulgação em banner, texto, imagem (fixa ou animada) ou vídeo, todos com link para seu site, hot-site, portal ou qualquer outro meio digital.

Os anúncios possuem um valor que vai aumentando de acordo com a concorrência da palavra-chave, ou seja, quanto mais gente querendo anunciar utilizando um determinado termo, mais caro ele se torna. Os anúncios são posicionados nas páginas das redes de pesquisa com base na classificação do anúncio. O anúncio com a classificação mais alta é exibido na primeira posição e assim por diante.

A quantidade de caracteres que podem ser utilizadas em um anúncio varia de acordo com cada ferramenta de busca e possuem diversas regras a serem seguidas.

A mensuração de resultados nas campanhas de links patrocinados também é uma questão importante e deve ser ressaltada. As empresas de links patrocinados disponibilizam relatórios detalhados para que o anunciante veja como está o andamento da campanha: quantos cliques ele recebeu por mês, semana, dia (e até mesmo por hora), qual anúncio está recebendo mais cliques, quais as palavras-chave, etc.

Uma grande ressalva aqui vai para o item do novo provimento que fala: "Permitida a utilização de ferramentas de aquisição de palavra-chave... desde que as palavras selecionadas estejam em consonância com ditames éticos". Ou seja, ao escolher estas palavras-chave, base da ação que falamos aqui, não tente ser esperto e colocar palavras que não tenham a ver com o que está sendo mostrado e nem palavras que não estejam na esfera discreta da advocacia. Isso significa, na prática, que você terá problemas se escolher palavras que possam iludir o cliente (exemplo: seu anúncio é sobre um artigo de ICMS que escreveu e suas palavras-chave são itens que estão "bombando" no momento como "Big Brother Brasil", "morte do XX", "viagens internacionais sem custo" e milhões de outras combinações que possam estar em alta no momento). Você apareceu bastante nas buscas, mas essa "enganação" não trará resultados (afinal de contas a pessoa estava buscando viagens e não ICMS) e ainda poderá te colocar em risco perante a OAB. Além disso, também não é interessante escolher palavras-chave que saiam do conceito de sobriedade da advocacia, significando que "compre já", "redução de valores", "melhor advogado do Brasil" e outras, não encaixam com esta nova realidade. A dica é: escolha palavras-chave que traduzam ou complementem o anúncio ou publicidade que está sendo divulgada. Se estas palavras pudessem fazer parte do efetivo anúncio, significa que elas estão em consonância com o que queremos.

Links patrocinados em redes sociais: tudo que falamos para o item acima, se repete aqui neste item, com o acréscimo de que ele pode ser replicado e compartilhado pelos seus seguidores. Isso significa dizer que, se você trabalhou bem suas redes e tem muitos e muitos seguidores, sua campanha pode duplicar de alcance se pensarmos na proatividade de pessoas que gostam do seu conteúdo e querem impressionar os seus próprios contatos com ele.

Obviamente, cada rede social tem seu escopo próprio de como a ferramenta deve ser trabalhada, mas o princípio básico continua o mesmo: palavras direcionadas, conteúdo relevante e mapeamento de evoluções.

Uma ressalva interessante a ser feita é a atenção proibitiva dada no novo provimento para os anúncios do Youtube que não podem ser adiantados ou "passados para frente" (os chamados Bumper Ads ou Non-Skippable Ads) pois obrigam a pessoa a assistir um determinado vídeo antes de assistir o conteúdo que ela originalmente havia selecionado. O novo provimento não foi claro ao explicitar o nome do Youtube ao invés de uma genérica "plataforma de vídeos online". Mas se você pensar bem, for racional e não quiser "achar pelo em ovo", fica óbvio que esta regra serve para qualquer plataforma de vídeos e streaming que obrigam assistir algo aleatório antes de assistir algo escolhido.

Vale lembrar que tudo que falamos acima parte do princípio de que você já mapeou quem é seu foco prospectivo e quais os benefícios reais que ele gostaria de ouvir, conforme mostramos em outros capítulos.

Lives

O cenário atual, em especial pela mega pandemia que se instalou no mundo, fez com que todos migrassem (muitos a contragosto) para o sistema digital. Estando ou não de acordo, habilitado ou não para o caso, instrumentado ou não para a ação, a verdade é que todos tiveram que rever seus conceitos digitais e se adaptar ao novo mundo. E isso se refletiu em diversos pontos: seja nas Lives que povoam sem limites as redes sociais, seja nos vídeos artigos, seja em uma amplificação de atuação via aplicativos de comunicação como Skype, Zoom e Hangout, entre outros. Hoje em dia é Live em cima de Live, muitas sem conteúdo relevante. Então vamos a algumas dicas pontuais para ajudar, tanto você que está sendo o educador, quanto a você que quer se instruir continuamente.

Para você que está montando uma Live, a regra de entender seu público alvo continua valendo, independente se estamos em casa ou não. Isso significa que as características tem que ser respeitadas. Outro dia vi um anúncio de uma Live voltada aos idosos que estão em casa que começava às 22h, via Instagram. Obviamente toda regra tem sua exceção, mas geralmente este público mais experiente não tem Instagram ou já está na cama nesse horário. Vamos pensar sempre com a perspectiva do público, não a nossa.

Além disso, a reflexão a ser feita é simples: todos estão preparados para uma Live? Seja no aspecto tecnológico, seja no aspecto emocional, a verdade é que muita gente ainda não está preparada para esse passo. Não é porque muita gente está nesse caminho que eu automaticamente estou preparado. Seria a mesma coisa que falar "bom já que todos estão na piscina vou mergulhar, mesmo estando de jaqueta, calça e não sabendo nadar". Sempre encorajo todos meus clientes a darem passos novos e aprenderem abordagens diferentes, mas a verdade é que precisa estudar, treinar e simular antes de se jogar completamente na ação. Precisa estar alinhado com o que o mercado minimamente espera de você. Lembre-se dos seguintes detalhes:

Queremos um professor

Se você está sendo entrevistado em uma Live significa que tem conhecimento em algum ponto importante e vai passar isso aos demais que estão assistindo. Evite então ficar contando da sua vida, fazendo piadas, ou algum outro formato que não tenha a ver com o tema proposto. Entenda que as pessoas estão lá para saber sobre um determinado assunto e não ficar sabendo sobre as fofocas de sua família. Mesmo quando o formato é mais descontraído, como se fosse um bate papo, ainda as pessoas querem saber sobre o assunto. Não desfoque do tema.

Live não é encontro digital

Dando sequência no ponto acima, e entendendo que a Live deveria ser um item profissional, perceba que esta ferramenta não é ponto de encontro. Já vi diversas Lives onde a entrevistada para o que está falando para dar "oi" para as amigas que estão entrando para assistir. Na sequência, manda beijos e abraços a todas as outras que não puderam entrar para assistir. E na sequência conta umas 2 ou 3 rápidas histórias sobre como conheceu as amigas.

As pessoas estão em uma Live para ver seu conteúdo informativo e definitivamente não tem interesse em suas histórias pessoais.

Politicagem

Não use a plataforma como alavanca política. Da mesma maneira que as pessoas não querem assuntos desfocados do tema proposto, também não querem desvios voltados a sua preferência política. Isso serve para política, religião, futebol e qualquer assunto que gera polêmica.

Minutos iniciais

Os minutos iniciais em uma Live são importantíssimos, pois muitas pessoas entram apenas "para dar uma olhadinha" (geralmente quando a Live se inicia e a rede anuncia o começo) e se o conteúdo demora a ser desenvolvido (ou pior, é desenvolvido com erros como os exemplos colocados anteriormente), a tendência é que essa pessoa passe para outro conteúdo mais organizado.

Prestigie os amigos

Hoje, em função do cenário atual, existe uma diversidade de Lives acontecendo. Isso acarreta na diminuição do número de pessoas assistindo as mesmas, o que é muito chato para quem quer levar informação ao mercado. Então aproveite quando você estiver "rodando" as redes sociais para entrar e prestigiar um colega ou amigo em sua Live. Tenho certeza que ele vai fazer o mesmo quando for a sua vez.

E para você que está buscando Lives para se instruir, seguem algumas dicas:

Saiba quais os assuntos que você menos tem domínio

Este é o principal item da lista. Se você frequenta Lives de assuntos que já conhece, você está se entretendo e não aprendendo. Use o tempo para fortalecer assuntos obscuros (e que, logicamente, fazem parte de seu arsenal profissional) e de pouco conhecimento. A ideia é sair desse período tenebroso com mais conhecimento.

Escolha as pessoas certas para acompanhar

Não adianta participar de uma Live de um profissional que não tem nada para falar em concreto. Repetindo o que eu sempre falo para quem quiser ouvir, investigue o profissional que você tem interesse, nem que seja superficialmente, através do site e redes sociais. Se este profissional tem relevância no mercado, naquele exato tema que você quer ouvir, perfeito. Se não, parta para outro profissional mais gabaritado. Tenho visto muita gente tentando se vender como guru do apocalipse, em aproveitamento do desespero alheio nesta fase confusa que vivemos.

Cuidado com a venda

Se o profissional que está fazendo a Live está usando esta para vender seu produto, serviço ou outro, desista. Toda e qualquer pessoa que se disponibiliza a falar a um público, deveria levar informação de graça e completa e não tentar vender algo. Nesse mundo de Lives que vivemos hoje, o truque usado anteriormente em palestras físicas – bastante usado por picaretas – de oferecer um diálogo com o público no estilo "saiba como fazer isso, sem custo nenhum" e que depois vira "se quer saber mais, acesse essa plataforma paga/compre esse produto/pague pela palestra mais completa/compre esse livro/etc" é bastante batido e, sinceramente, só cai nessa quem quer. Ao meu ver, profissional/palestrante/entrevistado (independente do nome que queira dar à pessoa que está projetando informação) destas Lives só é bom se levar conteúdo completo.

Crie um cronograma

Veja quais seus melhores horários para aprender e coloque essa programação no papel. Os horários destas Lives estão espalhados durante o dia inteiro, inclusive à noite (já vi até Live de madrugada). Se organize.

Questione

Trate uma Live como se fosse uma aula. Pergunte, coloque casos reais e tente extrair daquele convidado o maior número de informações possíveis. Assim como em uma palestra presencial, aprende mais quem questiona mais.

24 horas

Muitas Lives ficam registradas por 24 horas. Se houve conflito entre duas apresentações que você queria ver, ainda tem tempo para buscar a perdida.

Parabéns a você que está usando seu tempo de maneira sábia. Buscar informação através das Lives e da internet é realmente a melhor maneira de sair tecnicamente fortalecido de qualquer crise, mesmo que ela seja mundial.

Cartão Institucional

Como já dito anteriormente, a grande inovação para esse material institucional é a possibilidades de termos fotos nos cartões.

Por enquanto estávamos falando de cartão físico, era até estranho (pelo menos na minha opinião) ter um cartão com foto. Para os pouquíssimos que recebi em minha vida que tinham foto, a percepção era a mesma: parecia mais cartão de vendedor de imóvel do que de advogado. Porém com os avanços tecnológicos, surgiu o cartão digital que nada mais é do que o bom e velho cartão em nova roupagem digital. E não é que aí o papo se inverteu? Ao ver um cartão digital sem foto (e, portanto, respeitando as antigas regras da advocacia), a impressão que temos é que "está faltando alguma coisa". Concorda? Talvez seja pelo fato de que todas as redes sociais estão atreladas à foto da pessoa (e ter um perfil sem foto é um sacrilégio institucional), mas ficamos com a impressão de vermos um material fraco quando olhamos um cartão digital sem foto. Então a nova regra acabou alinhando isso e mostrando que sim, podemos ter a foto do advogado em seu cartão.

Mas deixando bem claro para qualquer um que queira saber minha opinião: cartão físico com foto, para mim, é muito estranho.

Aproveitando o ensejo, quero, nesse ponto, explorar também duas dúvidas que muitas pessoas tem. "Troca de cartão é obrigatória em reuniões?" e "Qual o momento ideal de trocar?". Tento explicar um pouco isso abaixo.

O cartão é um dos mais antigos e preciosos artefatos do mundo jurídico (e de qualquer meio empresarial). Ainda, nos tempos atuais, apesar da inclusão de outras vertentes como o cartão digital, o cartão físico ainda é uma praxe a ser mantida em reuniões presenciais.

Desde sua introdução em nossa sociedade, nos primórdios do século XVII, os "tradecards" (cartões comerciais), primariamente tinham a função de ser um "lembrete" dos dados de contatos da pessoa, mas ao longo do tempo, sua evolução o lançou a patamares importantes no contato ativo e prospectivo com o mercado.

Entrando efetivamente nas perguntas: você não trocar cartão em uma reunião inicial, acaba sendo uma gafe empresarial que você comente. Se não conseguimos ter um simples cartão com nossos dados (lembrando que este é um dos mais baratos materiais de comunicação institucional), como queremos nos posicionar solidamente no mercado? Obrigatório para reuniões presenciais, mesmo sob os protestos dos mais modernosos.

Com relação ao momento ideal para a troca de cartões na reunião. A verdade é que não existe uma regra definida. Pode ser no começo, no meio da reunião (quando surge, por exemplo, uma pergunta do tipo "onde fica seu escritório?") ou no final. O importante mesmo é não deixar a impressão de que não temos sequer esse material mais básico.

Eu, particularmente, gosto de entregar já no começo (e inclusive peço o cartão da pessoa, se ela não se tocou que o correto é troca de cartões), assim o prospectivo tem meus dados e nome disponibilizados por toda reunião. Mas isso é uma preferência minha, cada um que fique à vontade para encaixar essa rotina da maneira que melhor lhe convier.

Além disso, gostaria de alertar aqui sobre um erro que já vi diversas vezes: o cartão coletivo. Como comentei anteriormente, o cartão tem a função de lembrar os dados de determinada pessoa, em uma esfera individual. Então é um erro – grosseiro para falar a verdade – termos um cartão com diversos nomes, como se quiséssemos economizar, colocando "todo mundo que conseguimos apertar" dentro de um único cartão. Já cheguei a ver um cartão com quatro nomes diferentes. Cartão é individual e ponto final.

Redes Sociais

Um dos motivos iniciais de existir um novo provimento que você tem em suas mãos hoje veio através de pedidos relacionados às redes sociais. Na minha opinião, como comentei anteriormente, essa foi a fagulha inicial que incendiou a criação destas novas regras que hoje comentamos. Vamos falar um pouco sobre alguns detalhes desse formato.

Apesar das redes sociais aparentarem ser uma grande "massa" de atuação desconexa, a verdade é que, se darmos enfoques diferentes para cada uma, podemos tentar obter uma melhor atuação e retorno devido. Aqui falo apenas das quatro principais redes da atualidade:

Facebook: por ser uma ferramenta "mista" (tanto visual quanto textual) aqui a abordagem deveria ter foco nos clientes e na interação do escritório com eles, com reforço a assuntos institucionais, além de temas relevantes que podem afetar a maioria de seu público alvo.

Linkedin: por ser uma ferramenta mais "séria" e voltada exclusivamente para negócios (portanto nada de postagens engraçadinhas e piadinhas), a abordagem aqui deveria ser em trabalhar dados e insights sobre o mercado, além de conteúdos mais pontuais sobre as áreas de atuação/ramo dos clientes e prospects.

Instagram: por se tratar de uma ferramenta exclusivamente visual (isso significa que se você não tiver uma rotina de gerar fotos do escritório e/ou posts com imagens, nem precisa utilizar a rede), aqui o enfoque poderia ser publicar a vida no escritório, além de acontecimentos relevantes sobre a vida dos sócios e de clientes.

YouTube: da mesma maneira que a rotina de imagens é essencial para se utilizar o Instagram, ter uma rotina de vídeos (sejam vídeos-artigos mensais, vídeos de suas palestras ou o seu vídeo institucional) é primordial para se ter um canal no YouTube. Se você não tem essas ações costumeiras (e cá entre nós, deveria ter) nem precisa se preocupar com essa rede.

Tenho certeza que provavelmente alguém deve estar lendo esse livro, neste exato momento, e vai pensar: mas e o Tik Tok, que está bombando? Porque ele não comentou sobre essa rede social? Então vamos lá. Não tenho nada contra a rede pois sempre defendo que o problema são conteúdos errados e não o meio onde eles estão. Isso tem que ser entendido por todos e de uma vez. Não é culpa ou virtude de um papel em branco se alguém desenha rabiscos incoerentes ou uma obra de arte nele. Quem faz postagens erradas é o advogado sem noção e não o Tik Tok. O problema é que nos últimos tempos essa rede vem sendo lembrada pelos diversos casos extremos de dancinhas jurídicas, jingles cantados por advogados e outras bizarrices amplamente divulgadas pelos quatro cantos.

Infelizmente existe uma geração de advogados (em especial os jovens advogados) que preferem não ter o embasamento das regras providas pela classe e acham que todo tipo de marketing é permitido. Eles vêm ações "virais" em redes sociais como Youtube e Tik Tok e acreditam que isso se aplica à advocacia. O formato, conteúdo e aceitabilidade dos formatos não se encaixam. É usar uma camisa 5 números abaixo do seu, só porque achou ela bonita. Não vai ficar bem, nunca. Não estou questionando se as regras são adequadas à realidade ou não, mas sim estou comentando que estas são as regras vigentes no momento, mesmo com o novo provimento e deveriam ser respeitadas.

Por enquanto não existir uma regra que possibilite os advogados se portarem como youtubers, o mais sensato seria continuar levando informação dentro dos moldes mais adequados à sobriedade da advocacia. E se este dia chegar, sinceramente, espero que eu não esteja vivo para ver um advogado pintando o cabelo para ter mais likes.

Independente da classificação acima, a regra geral é simples: use as redes sociais para levar informação de relevância e qualidade ao seu público alvo. Não seja um replicador de informações, seja a fonte.

Se você leu com atenção as mudanças do novo provimento, percebeu que uma das mudanças é a permissão da divulgação de vídeo contendo a atuação profissional do advogado. Com isso em mente e pegando carona no item Youtube comentado acima, sabemos que um dos pontos principais e de maior destaque nas redes sociais é o fortalecimento de sua autoridade jurídica perante o mercado. Já escrevi muito sobre isso em livros e artigos anteriores e aqui coloco mais algumas dicas, sempre na intenção de elucidar e ajudar. E uma destas dicas, que vejo lentamente se transformar em obrigação institucional, são os Vídeos Artigos, veiculados exclusivamente no nosso amigo Youtube. Eles nada mais são do que breves vídeos em que o advogado leva informação de relevância ao seu público alvo. Em função disso, seguem algumas dicas pontuais:

O formato: entenda que esse tipo de ação nada mais é do que você conversando com seus clientes (como se estivesse realmente na frente deles) e explicando algum ponto. Para facilitar, pense que está respondendo a uma pergunta feita em uma mesa de reunião.

Nem pra cima, nem pra baixo: em termos técnicos, você não precisa fazer uma apresentação extremamente profissional, como se fosse um vídeo institucional (esse sim requerente de extrema produção profissional). Conforme coloquei no primeiro ponto, é uma conversa mais intimista e, nesse formato, pode ser gravado em uma convenção mais amadora, seja pelo seu celular ou câmera. Porém não entenda esse comentário como permissão para fazer "qualquer coisa". Grave corretamente, sem tremer a câmera e com áudio legível. Se entender um pouco de edição, um logotipo do escritório no início e no final ficam interessantes para completar.

Entenda quais são as dores do seu cliente: veja que partimos do pressuposto que você já sabe quem é o seu público alvo. E por conhecer a fundo esse nicho, sabe ou está se inteirando com o que esses futuros clientes estão sofrendo. É sobre isso que você tem que falar em seus vídeos-artigo.

Não exagere: o tempo limite destes vídeos é de 3 a 4 minutos. Não é uma palestra, é simplesmente sua opinião ou informação sobre determinado assunto.

Dê um panorama geral: estendendo o que coloquei acima, os vídeos tem que ser curtos e apenas mostrar que você tem uma solução ou opinião sobre o tema. Não é bom – e nem prospectivamente inteligente – dar todas as saídas possíveis para que a pessoa entenda que nem precisa de um advogado para seguir na resolução do seu problema.

Não venda: não estrague seu vídeo chegando ao final e falando "se tiver mais dúvidas, me ligue ou entre em contato" ou "marque uma reunião para saber mais". O vídeo-artigo, assim como o artigo escrito, tem a finalidade, já comentada, de levar informação. Se a pessoa se identificou com você e com a qualidade do que viu (em especial se você preencheu um vazio educacional nos problemas ou rotina dela), tenha certeza que vai te procurar.

Tenha a base e a distribuição: faça a coisa direito. Tenha o canal do Youtube do seu escritório personalizado (com logotipo e dados de contato) e, assim que finalizar cada vídeo, poste o mesmo, fazendo, na sequência, a distribuição nas redes sociais, newsletter e grupos de discussão. Não adianta gravar e engavetar.

OK, falamos sobre as principais redes e sobre a ascensão dos Vídeos-Artigos como forma mais facilitadora do mercado chegar até sua visão de solução de problemas. E o que falta? O que constantemente me perguntam: "mas o que postar nas redes sociais?". E a resposta para saber o que postar e que não postar é simples: só poste se tiver relevância para seu público alvo (ou "persona" como muitos chamam). Veja que estamos falando de uma rede social profissional e não pessoal, então você tem que lidar com o fato de que quem está buscando seus serviços quer ver coisas que interessam a ele e não a você, dono da página.

Para continuar minha fama de chato (mas sempre com a intenção ajudar o advogado a ver pontos importantes no marketing), eu simplesmente não entendo a necessidade que algumas pessoas tem em mostrar cada segundo de sua vida para todos. Estou falando aqui de casos extremos onde a pessoa mostra um diário completo do que está fazendo, do momento que acorda até o "boa noite" no final da noite. As vezes vejo casos onde a pessoa falou, falou e não disse nada relevante durante o dia todo. Por que isso é interessante para quem vai te investigar nas redes sociais? Porque é relevante ao seu público saber que você fez check-in na academia? Porque é relevante ao seu público saber que você escolheu comer peixe no dia de hoje? A não ser que você seja uma celebridade e exista uma demanda pelos seus fãs em conhecer a rotina de seu ídolo (e mesmo assim ainda acho exagero em muitos casos), porque você acredita que as pessoas querem saber exaustivamente todos os passos que você dá no seu dia? A verdade é que ninguém quer saber qual o lanche que você almoçou, ninguém quer saber que você está com frio naquele momento, ninguém quer saber se você está comprando fruta... Postagens como "tomando uma sopinha", "vocês gostam desta minha roupa?", "fazendo exercícios", "curtindo um shopping" e diversas outras, me parecem, mesmo sem ter formação em psicologia, alguma carência latente por atenção. Então, leigamente, mostro o meu lado pessoal de percepção sobre uma pessoa que posta tudo nas redes sociais. Realmente não faz sentido para mim, isso sem contar o lado perigoso da equação, que é entender que existem marginais que usam destas informações para, de alguma maneira, roubar ou ter alguma vantagem financeira em cima da pessoa que se expõe demais.

Agora vamos ao lado mais voltado ao marketing. Essa já é mais fácil. Partindo do princípio de que você deveria conhecer quem é seu público alvo (exaustivamente bato nessa tecla para imprimir em sua mente) e ter os mesmos acompanhando suas redes sociais (se não estão, ponto negativo para seu marketing), a resposta é direta: postar tudo nas redes sociais só é válido se for interessante para esse público que te acompanha. A pergunta que deveria ser feita é simples: isso interessa ao meu público? Isso é relevante ao meu cliente? Dificilmente um futuro cliente seu ficará impressionado em saber que seu almoço de hoje foi um bife ou então ficará confiante em um advogado que mostra que está comprando verdura. Isso, em uma esfera pessoal, está adequado, mas é simplesmente irrelevante para um futuro cliente.

Perceba então o que eu estou falando, através do simples resumo abaixo.

Você quer simplesmente mostrar para família, amigos e conhecidos seu dia a dia? Então, sem problemas, pode continuar a postar todos os highlights do seu dia.

Você quer impressionar e montar uma plataforma para que o seu prospectivo tenha confiança em seu trabalho e possa te contratar? Então poste itens que sejam relevantes para ele, não para você.

Acho que deu para entender a diferença, que só é direcionada pela sua prioridade de vida, pessoal ou profissional. Não estou falando que uma tem que eliminar a outra, mas sim que uma tem que ter prioridade sobre a outra, para dar resultado.

Talvez eu tenha sido um pouco rude nas colocações acima (peço desculpas antecipadas aos que postam compulsivamente, mas meu racional continua não entendendo as atitudes em questão) mas a necessidade de se expor ao máximo nas redes sociais me parece que não tem lado positivo palpável que possa ser aproveitado pelo advogado em sua evolução de carreira. Que tal transformar toda a energia gasta em publicações pessoais sem retorno objetivo em publicações de conteúdo voltado ao seu persona? Seus objetivos a longo prazo agradecem.

Outro ponto importante a ser resgatado aqui é a imagem pessoal digital dos sócios conectada diretamente ao perfil digital do escritório. Definitivamente existe uma ligação direta entre a imagem que o sócio projeta no mercado (seu marketing pessoal) e a imagem institucional da banca. Em diversas palestras que dou no mercado, mostro casos (incluindo diversos exemplos reais) bastante peculiares, onde o escritório se esforça para criar uma imagem séria e serena e o sócio consegue, em poucas fotos ou comentários vinculados nas redes, destruir completamente esta tentativa em função de não entender que a "cabeça" do escritório é ele, e, sendo assim, deveria personificar fortemente as qualidades intrínsecas de sua empreitada.

Exemplifico: é fácil demais buscar, derivado do nome principal, os sócios responsáveis por determinado escritório. Posto isso, ninguém quer ver um perfil institucional completamente estilizado e correto para que, momentos depois, observar o perfil do dono deste escritório em um formato completamente inadequado, muitas vezes com situações pornográficas, etílicas ou simplesmente desorganizadas. Já vi, nestes anos de consultoria, casos completamente sem noção, onde o sócio maior teve a falta de percepção de colocar postagens como "Saindo de férias. Não avisem meus clientes!" ou "Novo estagiário no escritório! Agora o problema tá em outras mãos. Kkkkkk....Partiu happy hour!". O tom pode ser de brincadeira, mas contradiz tudo que o escritório prega em seus discursos institucionais.

Se você é uma pessoa desorganizada ou que não tem prioridades em sua vida pessoal e transparece isso nas suas redes sociais, tenha certeza que o impacto ocorrerá também na imagem corporativa de seu escritório. Ninguém quer entrar em uma Ferrari que o motorista seja um bêbado. Por mais que ele tente te convencer que esta Ferrari é um dos melhores carros do mundo, você ainda sabe que existe uma pessoa embriagada por trás de sua direção. Desastre total.

E já que constantemente eu fico repetindo que o advogado tem que encontrar seu nicho ou público alvo antes de fazer qualquer ação de marketing (nunca tive uma certeza tão forte em minha vida), vou terminar essa parte das redes sociais pregando o contrário. E se o advogado não souber qual a persona que deve atingir? O que postar então? Sabemos que sem foco e alvo determinado, o advogado está navegando no escuro onde pode postar notícias, artigos e compartilhamentos que não atraem quem gostaria de agradar e isso não traz benefício nenhum, prospectivamente falando. Acaba fazendo, na verdade, o antimarketing, ou seja, é visto como "aquele que chuta para qualquer lado". Isso já sabemos. Mas e se ele realmente não tiver noção nenhuma de qual o nicho prospectivo quer atacar? O que postar então? A verdade é que, nesse caso, você tem que trabalhar por "percepção dos estabelecidos". Explico. Tenho certeza que você tem, dentro da comunidade advocatícia, seus "heróis" jurídicos, ou seja, aqueles causídicos que você olha e pensa "quero ser como ele" ou "gostaria de ter essa carreira". A ideia aqui é monitorar, estudar, se espelhar e "pegar emprestado" o direcionamento que eles assumiram para suas atividades. Imagine-se então trazendo para sua realidade aqueles tipos de postagens que seus preferidos fazem e comece a formatar suas próprias criações. Não é copiar, mas sim entender quais conteúdos, formatos e ângulos temáticos seu herói está abordando e trazer para suas redes sociais, logicamente aplicados à sua própria realidade. Muitos advogados em começo de carreira usam este tipo de técnica de benchmarking para ter algum tipo de direcionamento nesse sentido.

Vale lembrar que isso é uma medida paliativa até você entender o seu foco de atuação e prospecção e aí sim focar todas suas atenções para esses nichos e solução de suas respectivas dores. Esse é realmente o único jeito de trabalhar as redes sociais de maneira correta e com menor esforço.

Importante salientar que, dentro de qualquer cenário, com nicho ou não, sempre serão válidas ferramentas como artigos próprios, opiniões em cima dos acontecimentos reais do mundo e sua participação em eventos presenciais e virtuais. Elas geram comprometimento com sua qualidade intrínseca de "botar a boca no mundo" e ter voz ativa, independente do assunto. Ninguém quer um advogado que não tem opinião sobre as coisas, sejam jurídicas, setorizadas ou em contextos mais amplos.

Seguindo ainda dentro deste aspecto das redes sociais e o mundo digital no geral, gostaria de dedicar um pouco mais de espaço neste livro para alertar o advogado sobre "iscas virtuais" que são usadas hoje em dia.

Quem me conhece sabe que, se tem uma coisa que me tira do sério, são mentiras. Em função disso e sempre na intenção de ajudar o advogado a ficar cada mais vez "ligado" nas ações de marketing que permeiam a advocacia, quero usar este espaço para abrir as técnicas falsas usadas por espertões no âmbito digital, em especial o das redes sociais.

Bom, você sabe que, quanto mais as pessoas interagem em sua postagem, mais ela é distribuída para outras pessoas, certo? Se não sabe, fica aqui esta dica. Quanto mais as pessoas curtirem, comentarem e compartilharem sua postagem, mais a ferramenta vai perceber que seus posts tem relevância e começam, crescentemente, a distribuir os próximos posts para mais pessoas. Esse é um princípio básico de muitas redes. O problema está no fato que muitos espertalhões, que não conseguem se garantir no conteúdo de qualidade, usam truques para que as pessoas cliquem e comentem em suas postagens, ganhando assim cada vez mais notoriedade em cima de truques baratos e não de conteúdos reais e proveitosos.

Mostro aqui alguns aspectos desse tipo de problemática nos meios digitais hoje em dia:

Clickbait: a tradução deste termo seria "isca de cliques" e nada mais é do que colocar uma imagem ou título extremamente chamativo na postagem, mas que não tem nada a ver com o conteúdo real. Então você vê o título "Mendigo compra

Lamborghini" com a foto de uma pessoa humilde em frente a um carrão de 3 milhões e obviamente quer entender como aquilo foi possível. Ao clicar, vê que a postagem, na verdade, era sobre um cara rico que se vestiu de mendigo para entrar em uma concessionária. Mas, até aí, você já clicou e leu a material, gerando a interação que o mentiroso queria. Outro tipo de clickbait é quando a pessoa coloca um título "Como Fazer X" e quando você vai ler a matéria completa, o autor apenas está descrevendo o que é o assunto, mas não mostrando COMO fazer (que é a chamada do post). Isso acontece muito no marketing jurídico, onde o que mais vemos são chamadas de "como ganhar clientes", mas a matéria explica as ferramentas que um advogado pode usar dentro marketing, mas não fala COMO implementar cada uma delas. "O QUE" é diferente de "COMO", certo?

Polêmica: uma outra maneira de gerar interação de uma maneira cretina é criando uma polêmica. Então postagens que claramente dão margem à irritação das pessoas são as preferidas. Fique esperto então quando ver postagens complicadas, como, por exemplo, "Hitler pode ser considerado REALMENTE um vilão no mundo? Tem certeza?" Obviamente as pessoas vão cair matando em cima desse post sem noção e usar de milhões de xingamentos, argumentos e qualquer arma que tiverem na mão para criticar e dar seu ponto de vista. O que as pessoas não percebem é que, ao fazer isso, estão colaborando para o melhor ranqueamento do mentiroso, sem que ele ao menos saiba das atrocidades que Hitler fez no mundo. Não se deixe levar então pelas emoções nestes casos. Use a boa e velha racionalidade. Se você quer entender um pouco mais sobre este tipo de manipulação usada, pesquise os termos "Gaslighting" e "Triggering" voltados para redes sociais.

Polêmica entre grupos: se no ponto anterior o mentiroso criou uma polêmica onde todo mundo ficou bravo com ele e entrou na postagem para xingar ou dar lição de moral (sendo que a cada xingamento o mentiroso ficada cada vez mais feliz, ganhando interação), aqui o foco é jogar a bomba e deixar as pessoas se matarem. Faça um teste e crie um post, por exemplo, falando "advogados trabalhistas ganham mais dinheiro que advogados tributaristas". Poste e saia. Em pouco tempo, vai acontecer, em uma primeira etapa: 1) o advogado trabalhista falando que você está errado e que ele não ganha nada 2) o advogado tributarista falando que ele também não ganha nada 3) o advogado trabalhista que concorda com seu post e diz que a vida dele está muito boa 4) o tributarista que discorda de você e fala que o Tributário deu tudo o que ele precisava para a vida financeira dele 5) o sem noção que vai responder coisas desconexas da postagem, como "com a atual conjuntura do país isso é uma vergonha", "você só não está evoluindo porque não tem fé no coração" ou "o que interessa é que meu time ganhou" e outras mais. Isso vai acontecer em uma primeira etapa. Na segunda etapa (sem o mentiroso ter interagido com nenhuma pessoa), uma vai se virar contra a outra e começar a responder os comentários uns dos outros, brigando entre si. Daí pra frente, a batalha de egos começou e vai ser textão em cima de textão, cada um defendendo sua verdade. Pronto, o mentiroso conseguiu o que queria, todo mundo comentando na postagem dele.

Truques gerais: Esses são os piores e estão em todas as redes. É aquele post que coloca opções para você interagir, por exemplo: se você se formou em Direito há mais de 20 anos, clique no botão curtir. Se você se formou em Direito há mais de 10 anos, clique no botão coraçãozinho. Se você se formou em Direito há mais de 5 anos, clique no botão risada. E por aí vai. Independente do que você escolha, você está contribuindo com a interação da pessoa. Se a pessoa, antes de clicar, pensasse, ia se questionar: porque isso é relevante para essa pessoa? Ele está fazendo algum tipo de senso? Porque tenho que dar este tipo de informação? Pense antes de clicar. Isso quando a pessoa não lança recursos patéticos como "Você já viu a nova ferramenta do Linkedin? Dê dois cliques na postagem para ver". Se a nova ferramenta do Linkedin for cara de pau de pessoas que não tem conteúdo, o mentiroso acertou em cheio.

Sugestionabilidade: aqui é quando você é levado a acreditar que o post está falando de alguma coisa, mas está falando de outra. Um exemplo: "Stallone compra mansão no Rio de Janeiro". Quando você clica para ler a matéria, o "Stallone" em questão era José Ribeiro, apelidado de Stallone pelos seus amigos de academia. Afinal de contas, ele não te falou que era o Sylvester Stallone, você que deduziu isso, certo? Você vai ficar decepcionado, porém o que o mentiroso queria já aconteceu, que é o seu clique na publicação dele.

Pesquisa: acho que o único item nesta lista que "se salva" é a Pesquisa. Obviamente existem pesquisas que tem a intenção exclusiva de gerar cliques e visualização (muitas com perguntas polêmicas como no item "Polêmica") e estas devem ser realmente evitadas, mas vejo também diversas pesquisas (geralmente em Linkedin e Facebook que tem formatos próprios para isso) que tem cunho realmente verdadeiro, com a intenção de busca de informações genuínas de mercado.

Estender o assunto: esse talvez seja mais usado em blogs, mas ainda é válido como alerta. Você vê na postagem o título "Esse gato ficava encarando seu dono durante a noite inteira. Você não vai acreditar o motivo insano por trás disso". Quando clica, começa-se uma história que vai desde do dia que o cara comprou o gato até o eventual acontecimento que dá nome ao post. O detalhe aí é que apenas dois parágrafos da história estão na página, ou seja, você lê dois primeiros parágrafos (e consequentemente vê todos os anúncios que estão junto – e é exatamente isso que o mentiroso quer) e depois tem que clicar no "continuar" para acessar a próxima página e continuar a ler a história (e consequentemente ver mais anúncios que enchem o bolso do mentiroso). Isso se estende por diversas páginas até a conclusão da história, que geralmente é bastante decepcionante. Acredite, eu já fiz isso (eu queria saber o que a porcaria do gato tinha feito!!).

Nem vou entrar na polêmica dos advogados vendedores que sabem a fórmula mágica de ganhar clientes, mas preferem viver de vender curso na internet, pois esse assunto já abordei em artigos e colunas do Migalhas. Aliás, qualquer pessoa que tenha pelo menos 1% de racionalidade no cérebro e entenda apenas um pouco de comportamento humano, saberia que o que está sendo trabalhando nesse formato pelos espertões é o desejo de ganhar muito com pouco esforço, coisa que não existe.

A ideia aqui não foi denegrir nenhum tipo de postagem, mas sim alertar as pessoas sobre essas iscas "espertonísticas" (se é que essa palavra existe) das redes sociais.

Alerta Final

Será que é fácil enganar um advogado? Antes de responder essa pergunta, acho que se faz necessário a contextualização do porquê estou escrevendo sobre isso. E a resposta é simples: eu odeio mentiras (como já falei anteriormente). Do fundo da alma, desde que me conheço por pessoa, eu sempre tive um sério problema com mentiras.

E é isso que eu mais vejo no cenário do marketing jurídico nos dias de hoje: fornecedores que mentem e querem fazer o advogado de bobo. E é por isso que, mais uma vez, venho trazer o alerta para que os advogados não sejam tragados pela onda do "vale qualquer coisa para tirar uns trocados do advogado que não sabe o que é marketing".

Então vamos aprofundar o tema e analisar juntos:

» Você já cruzou, seja nas redes sociais, seja em anúncios ou qualquer outra plataforma – com aquele fornecedor super descolado, que promete resultados rápidos, sem esforço e praticamente torna o marketing para advogados em um passe de mágica?

» Você já viu, em algum lugar (geralmente nas redes sociais em posts pagos) o advogado milagreiro que diz que descobriu a fórmula para ter 100 clientes a mais por dia?

» Você já presenciou discursos de empresas sabichonas

que dizem ter milhões de anos de atuação e experiência, mesmo sem ninguém ter ouvido falar sobre ela até pouco tempo?

» Você já leu auto intitulações ou auto glorificações como "somos a empresa mais conceituada do mercado" ou "somos a empresa número 1 do mercado"?

Esses são pequenos exemplos de como a advocacia tem sido trabalhada por fornecedores que acreditam que podem falar qualquer coisa para o mercado. E se eu – desde sempre – tenho problemas com mentiras, ocultações e meia verdades, de um tempo para cá, percebi que as coisas desandaram.

Eu vejo o fornecedor super descolado aumentando a promessa de seus percentuais. Se antes o resultado prometido era de aumento de 70% no faturamento, hoje, de um dia para o outro e com a mesma metodologia, o faturamento aumenta quase 90%. O que? Como assim?

Eu vejo o advogado milagreiro alugando caro importado só para fazer vídeo vendendo seu curso, tentando passar imagem de super bem sucedido. Oi? É vídeo de humor?

Eu vejo empresas sabichonas que, de um dia para o outro, mudaram sua data de nascimento. Ontem ela havia aberto suas atividades em 2015. Hoje ela havia aberto suas atividades em 2009. Ano passado foi há dez anos atrás?

Eu vejo auto intituladores não se contentando em se auto proclamarem como "o melhor do estado" e passar a ser "referência absoluta no mercado nacional". Dar tapinhas nas próprias costas vale como consolo emocional?

Para esses perfis eu tenho algumas perguntas:

Ei, fornecedor super descolado, me mostra 20 clientes que usaram sua metodologia e ficaram ricos?

Ei, advogado milagreiro, se você descobriu a fórmula para gerar tantos clientes, porque não está cuidando das suas centenas de contratos novos ao invés de vender curso online? Acredito que você tenha maior faturamento cuidando dos clientes ganhos do que vendendo cursos, certo?

Ei, empresa sabichona, me mostra alguma atividade do começo das suas atividades que comprova que você está no mercado há tanto tempo. Um artigo publicado? Uma newsletter enviada? Um evento que você tenha se destacado, lá atrás. Não vale mostrar coisas que o pai ou o avô fez.

Ei, auto intitulador, quem te deu estes títulos? Por favor nos mostre exatamente quem foi que te premiou reconhecidamente como o melhor do mercado (ou do estado, ou do Brasil, ou do mundo, ou da galáxia). Falar que eu sou o cara mais lindo do mundo não me faz virar o Brad Pitt na realidade.

A verdade é que hoje são poucos os profissionais que garantem sua atuação em função da sua história e resultados comprovadamente reais. Sangue, suor e resiliência foram substituídos por showzinho, entretenimento e "falar o que o que o prospect quer ouvir" (mesmo se isso não for real).

Mas o foco desta parte é explanar sobre mentira e enganação para com os advogados. Então vou deixar aqui quatro dicas para aqueles que não querem "cair do cavalo" como já dizia minha avó (diga-se de passagem, foi ela quem me ensinou que a mentira é a verbalização da fraqueza de uma pessoa em encarar os fatos do jeito como eles são).

Está em dúvida se o fornecedor é picareta ou não? Tente isso:

Dica 1: investigue a vida dele. Entre no site da empresa, no Facebook pessoal e empresarial, no Linkedin pessoal e empresarial, no Instagram pessoal e empresarial e no Youtube da empresa. Só com isso você já terá uma grande noção de como esse fornecedor se porta no mercado e na sua vida pessoal. Dica dentro da dica: para redes que usam "curtidas" como medidores (como Facebook e Youtube), veja quantas curtidas e visualizações tem os posts e vídeos do investigado. Se a maioria tem um número baixo e, de repente, uma publicação tem milhares de views, isso pode ser um indicativo que ele pode ter comprado visualizações apenas para impressionar os mais ingênuos (inclusive este é um dos pontos colocados no novo provimento como proibidos e fraudulentos).

Dica 2: peça referências de trabalhos anteriores e converse com ex-clientes do fornecedor. Se ele "não conseguir" te passar uma lista atualizada de clientes com nome, telefone e e-mail, desconfie. Ou melhor, desista. Se a pessoa faz um trabalho honesto, não tem nada a esconder de ninguém.

Dica 3: veja a classificação dele em sites como Reclame Aqui e as avaliações do próprio Google. Com esta ação você pode descobrir alguns comentários ou informações sobre como a empresa trata o mercado na realidade. Para ser justo dos dois lados, quando você olhar comentários, tenha sensatez sobre quais avaliações deve confiar. Algumas pessoas não seguem todas as orientações que deveriam seguir e depois reclamam, ou seja, em muitos casos, o erro é do próprio cliente e não do fornecedor. Sejam justos.

Dica 4: use fornecedores consagrados e com histórico positivo no mercado. Existem inclusive sites que dão um direcionamento e ajuda nesses casos, como o Buscajur e Intelijur, entre outros.

Além das dicas acima, fica a regra maior de todas: o bom senso e a razão.

Por exemplo: se o fornecedor é tão bom, a metodologia é tão milagrosa e os procedimentos são tão fáceis, porque os ex-clientes não estão indicando os serviços e eles precisam pagar publicidade e post patrocinado constantemente? O bom senso e a razão sabem te responder esse tipo de pergunta. Confie neles.

Então, por fim, vamos responder a nossa pergunta inicial?

Será que é fácil enganar um advogado?

A resposta é simples: só quando ele se deixa enganar.

CAPÍTULO **11**

ADVOCACIA E PANDEMIA

Sendo simples e direto, a verdade é a que pandemia mundial teve resultados tanto positivos quanto negativos.

Ninguém pode negar que, forçosamente ou não, toda a advocacia teve que dar um salto tecnológico para que pudesse continuar viabilizada no dia a dia. Até aquele advogado avesso ao computador teve que arranjar tempo para conhecer os novos amiguinhos Skype, Zoom, Google Meet e outros, simplesmente pelo fato que não existia mais a possibilidade de voltar ao estágio anterior pré-Covid. É como comentei no início do livro: muitas vezes é evoluir ou morrer. E esse realmente foi um dos poucos pontos bons que essa crise mundial trouxe ao mundo. E não é que é legal ver seus pais e até avós tratarem um computador como um item de rotina e não como um alienígena?

Porém, e infelizmente, os aspectos negativos foram incomparavelmente maiores que os positivos. Não cabe neste livro técnico comentar as mortes e como o mundo sofreu com cada pessoa que se foi, mas quero falar sobre os prejuízos trazidos à rotina da advocacia, onde muitos escritórios fecharam suas portas, perderam clientes, tiveram que demitir colaboradores e reduziram sua receita, muitas vezes em quase 100%.

E o fantasma da perda de clientes paira fortemente no dia a dia da advocacia. Mas o que fazer com seus clientes para, pelo menos, minimizar esse impacto?

O ideal (não apenas nesta situação de pandemia, mas como regra geral para atuação de um escritório) é que você se mostre como essencial à atuação da empresa. Não apenas como um escritório que a ajuda ocasionalmente, mas sim passar a ideia de que, sem sua ajuda rotineira, a vida e dia a dia da empresa podem ser muito mais difíceis. Isso passa necessariamente por alguns pontos/ideias a serem executados. Podemos dividir estes pontos em 3 fases (passado, presente e futuro) e coloco alguns abaixo para você ver se encaixa na sua rotina.

Passado

O escritório apresenta relatórios a clientes? Se não, agora é a hora de montar um compêndio de todo tipo de resultados que o escritório já trouxe nos últimos 5 anos. Tudo que foi recuperado, evitado, ganho e que teve impacto positivo. Mostrem (através de gráficos de fácil entendimento) o que foi feito (situação real) versus o cenário provável se vocês não tivessem atuado.

Presente

Na etapa presente é interessante entrar com a operação do item que chamo de "Plano de Fidelização de Clientes", onde criamos faixas de benefícios para clientes ativos. O plano de fidelização serve para duas coisas:

1) Oferecer itens que o cliente não estava esperando de nós, fidelizando-o cada vez mais. A título de exemplificação, seria algo como ser um cliente normal Itaú e, do nada, nos oferecerem a ser um cliente Itaú Personalitté, com diversas exclusividades interessantes. Isso nos faz ver que a instituição pensa no cliente e na sua evolução interna.

2) Vender mais para o mesmo cliente. Se temos itens a serem trabalhados ainda dentro do mesmo cliente, podemos marcar uma reunião para levar relatórios, mostrando como estão as coisas e ainda levar o plano de fidelização criado para ele. Com esses dois pontos é muito fácil marcar uma reunião e, presencialmente, "tirar da manga" e vender algo novo.

A operação passa pela criação de faixas (por tempo de casa ou valores que o cliente traz para o escritório) de benefícios crescentes. Quanto mais o cliente usa o escritório, mais benefícios pontuais ele tem.

Por tempo: aqui a ideia é listar nossos clientes e criar faixas de benefícios por tempo que os mesmos estão conosco.

Por exemplo:

de 1 mês a 1 ano – Clientes X, Y e Z.

de 1 ano e 1 mês até 5 anos – Clientes W, S e R.

de 5 anos e 1 mês até 10 anos – Clientes J, K e P.

E assim por diante. Para cada faixa classificada atribuiremos uma série de benefícios, como por exemplo, a criação de serviço especial, palestra interna, brinde elitizado, colocação de um advogado por algumas horas internamente na sede do cliente, isenção de custas, aumento de horas trabalhadas no contrato mensal, reuniões periódicas para acompanhamento e explicações processuais, inclusão de algumas horas de consultoria em outra área não contratada ou desconto simples de valores, só para citar alguns pontos. É vital entender que quanto mais antigo, mais benefícios o cliente deve receber em seu "pacote", ou seja, o cliente mais antigo do escritório deve ser mais "remunerado" de benefícios, gerando assim a percepção de que ele é especial ao escritório e o intuitivo compromisso de permanecer com o escritório que o trata diferenciadamente. Em um esquema simplificado de plano poderíamos colocar, apenas a título de exemplificação:

Plano	Tempo de casa	Clientes	Benefícios
Faixa 1 (ou qualquer outro nome)	de 1 mês a 1 ano	Clientes X, Y e Z	brinde elitizado reuniões periódicas para acompanhamento e explicações processuais
Faixa 2 (ou qualquer outro nome)	de 1 ano e 1 mês até 5 anos	Clientes W, S e R	brinde elitizado reuniões periódicas para acompanhamento e explicações processuais palestra interna isenção de custas
Faixa 3 (ou qualquer outro nome)	de 5 anos e 1 mês até 10 anos	Clientes J, K e P	brinde elitizado reuniões periódicas para acompanhamento e explicações processuais palestra interna isenção de custas colocação de um advogado por algumas horas internamente na sede do cliente inclusão de algumas horas de consultoria em outra área não contratada

A outra classificação de clientes deveria ser feita por valores que ele traz ao escritório. Apesar da metodologia de listar os clientes por faixas (agora por valores e não por tempo) e os itens que podem ser ofertados sejam os mesmos, veja que aqui já existem algumas mudanças, ou seja, o cliente pode ter assinado o contrato apenas há um dia, e, como traz um valor alto ao escritório, já é classificado dentro de uma das altas categorias, gerando benefícios imediatos ao mesmo. A tabela de classificação fica parecida com a anterior (só mudando o foco da análise):

Plano	Valor Recebido	Clientes	Benefícios
Faixa 1 (ou qualquer outro nome)	Até 1.000 reais	Clientes W, S e R	brinde elitizado reuniões periódicas para acompanhamento e explicações processuais
Faixa 2 (ou qualquer outro nome)	de 1.001 até 5.000 reais	Clientes X, Y e Z	brinde elitizado reuniões periódicas para acompanhamento e explicações processuais palestra interna isenção de custas
Faixa 3 (ou qualquer outro nome)	de 5.001 até 10.000 reais	Clientes J, K e P	brinde elitizado reuniões periódicas para acompanhamento e explicações processuais palestra interna isenção de custas colocação de um advogado por algumas horas internamente na sede do cliente inclusão de algumas horas de consultoria em outra área não contratada

Vale lembrar que fora estas duas classificações, ainda existe o cliente político, que pode não ter um tempo de casa longo e não trazer valores interessantes ao escritório, mas do qual deveremos criar uma faixa especial de benefícios, tendo em vista que o atrelamento do nome dele ao nome do escritório é benéfico ao institucional e assim deveremos tratar este caso único como item pronto a beneficiar.

Um ponto a ser levado em consideração nas tabelas acima citadas é o cliente que faz indicação de outros clientes, o que é extremamente interessante ao escritório. Essa situação ímpar deve ser tratada também de modo singular, elevando-se a categoria do cliente simplesmente por termos fechado novos contratos de indicação. Ou seja, se um cliente está em uma determinada faixa de benefícios e nos faz uma indicação que acaba também fechando contrato conosco, esse indicador deve passar para uma faixa mais elevada e com maiores benefícios, simplesmente por ser um proliferador de nossas atividades.

Futuro

Aqui a ideia é apresentar à empresa o entendimento do que a pandemia está presente e como isso vai impactar na realidade dela. Deve ser feito um estudo do cenário atual e cenário provável futuro do nicho específico do cliente, mostrando quais as soluções estamos apresentando hoje à empresa para que o impacto seja minimizado. Dessa maneira mostramos que estamos antenados, antevendo e protegendo nosso cliente.

Obviamente não podemos prever as atitudes dos clientes, mas fica muito mais difícil ocorrer a dispensa de um escritório que comprovadamente está mostrando os resultados bons do passado, fidelizando com um plano diferenciado no presente e protegendo todas as vertentes do futuro.

A verdade é que quem conseguiu escutar e operacionalizar o marketing antes da pandemia saiu com força extra para enfrentar a crise. Aquele que ficou com o discurso "depois vemos isso" e efetivamente nunca implementou ações pontuais de marketing ético realmente sofreu com o novo cenário imposto. Eu sempre comento que as decisões precisam ser tomadas do ponto da racionalidade e não do desespero. Muitos que quiseram implementar ações depois que a crise se iniciou não tiveram tempo e nem cenário adequado para evoluir. Eu vi diversos escritórios falirem nestes últimos anos e a maioria tinha em comum discursos de "trabalhamos apenas com indicação", "nosso marketing é o boca a boca", "somos um escritório boutique", "não precisamos de marketing" e outras dezenas de desculpas que tem o único foco em se desviar de uma força que é essencial e evolutiva para a advocacia. A verdade é que não existe crescimento na advocacia se você não consegue implementar ferramentas de marketing em seu dia a dia. E isso é um fato, comprovado e recomendado por todos que cresceram. Me mostre um advogado que evoluiu na carreira e eu te mostro o tipo de marketing que ele fez para chegar lá.

Ações de marketing que agregam valor à marca do escritório ou nome do advogado são tábuas de salvação em tempos de crise como os vividos. O próprio significado da palavra "agregar" já nos dá uma ideia do que pode ser feito para advocacia. Agregar é um verbo que significa juntar com o outro, reunir a algo já existente. Por exemplo: agrupar pessoas, incorporar novas ideias, novas técnicas, inserir novos elementos, novas informações, novos conceitos, etc.

Posto isso, como podemos transferir tudo isso para um aumento de valor de uma marca de escritório? Partindo do princípio que já existe uma imagem institucional construída, com materiais adequados (isso é a base de tudo e sem ela você não tem nem o mínimo onde possa agregar alguma coisa), estes são alguns itens:

Tenha opinião: a melhor maneira de ser mais valorizado é colocar sua opinião ao mercado, expondo como o escritório se posiciona com relação a assuntos pertinentes à sua rotina. Isso significa que ter artigos ou livros escritos, vídeos de comentários e mídias que citam seu nome são necessariamente extremamente relevantes para ter valor agregado à marca.

Seja inovador: aqui não estou falando de ser um advogado "modernoso" (daqueles que focam seu discurso institucional em temas como "o advogado não deveria usar gravata" e não em temas de relevância efetiva para o público que ele atende), mas sim em inovar em práticas que o mercado percebe como melhorias, tais como ter real transparência com os clientes através de antecipação de passos a serem executados e probabilidade de resultados, ou uma advocacia mais humanizada que percebe o cliente não como um número ou cifra, mas que entende que o começo de uma fidelização de clientela passa por se colocar no lugar do contato e fazer exatamente o que gostaríamos que fizessem conosco, ou ainda, inovar em técnicas de marketing que não tem ainda uma prática muito regular no mercado jurídico mais tradicional (você sabia que existem escritórios que hoje já se aliam a outros profissionais para entregar um serviço mais completo ao cliente final? Como por exemplo, escritórios que, juntamente com seu serviço jurídico, agregam um coaching para ajudar as pessoas a compreenderem os desdobramentos do que está acontecendo ou vai acontecer depois da atuação do escritório?).

Corte o caminho: quantas vezes no seu dia a dia, você chegou a pensar "como eu poderia fazer isso de uma maneira mais criativa e/ou mais rápida?". A maioria dos advogados sempre seguem à risca o arroz com feijão da advocacia como se o caminho fosse sempre o mesmo. Os poucos que se fizeram a pergunta acima são os que criaram novos conceitos, metodologias e geraram uma percepção de maior valor simplesmente porque pensaram em saídas alternativas e/ou de maiores resultados para seus clientes.

Seja um louco moderado: difícil entender o conceito de louco moderado, mas entenda que todos que foram os primeiros a fazer algo diferente foram vistos, pelo menos em um primeiro momento, como loucos pelo mercado jurídico e vanguardistas pelo público. Isso significa dizer que o primeiro advogado que teve uma pessoa de marketing em seu escritório foi um louco moderado, que o primeiro advogado que usou laranja em seus materiais institucionais foi um louco moderado, que o primeiro advogado que aceitou pagamento com cartão em seu escritório foi um louco moderado e assim por diante, em diversos exemplos que depois foram (e continuam sendo) copiados pelo mercado. Mas cuidado. A palavra "moderado" não está aí apenas de enfeite e significa que não adianta você criar um material institucional verde limão com bolinha rosa que será visto da maneira adequada. Tudo tem seu conceito, estratégia e operacionalização devidas.

Não excludente de outros pontos, estes são alguns itens que o advogado poderia pensar para agregar valor maior à sua marca e se solidificar para quaisquer crises que o mundo jogar nas suas costas.

Começamos o capítulo falando que o mundo ficou mais digital, mas fica aqui minha dica de atenção: o mundo realmente se tornou mais digital, mas isso não significa que o marketing a ser implementado é apenas digital. Isso é um entendimento bastante errado por parte da advocacia. O advogado não tem obrigação nenhuma em saber quais as ferramentas de execução possíveis em um plano de marketing bem organizado, e é aqui que mora um grande perigo. Uma noção muito errada que vejo acontecer hoje a todo o momento são empresas aventureiras querendo ludibriar advogados e vender atuações digitais como se fossem ações completas de marketing jurídico. Lembrando que as ferramentas digitais são importantíssimas para os escritórios, o que comento aqui é que existe uma gama muito mais completa de ações possíveis, além do cenário digital. Se o advogado entender que hoje, dentro do Código de Ética atual e do novo Provimento que acaba de nascer, existem as possibilidades de atuação de, no mínimo, 60 ações de marketing, ele acaba entendendo que às vezes atuar apenas em uma fatia do marketing jurídico é talvez não conseguir os resultados exigidos para que um plano alcance o sucesso. Fica aqui, portanto, o aviso: marketing digital é um pedaço do marketing jurídico, mas não é ele por completo. O marketing deve, e sempre deverá ser, implementado em sua forma completa.

E para encerrar esse capítulo sobre a advocacia e a crise mais dura que já houve nos últimos anos, quero questionar um ponto. Se, ao longo deste livro todo eu bati, rebati e bati mais um pouco no foco de geração de conteúdo, pergunto: o que você produziu até o momento? Sabemos que o advogado teve mais tempo em casa, em formato home office ou simplesmente pelo fato de que não tinha onde ir e nem trânsito para enfrentar. O que você fez com esse tempo? O que você produziu com a função de melhorar sua carreira? Você tem a me apresentar seus artigos, vídeo-artigos, crônicas, comentários e estratégias a longo prazo que você estudou e colocou no papel ou o que você tem a apresentar são referências à suas séries e reclamações sobre o coronavírus? Pense nisso. E para que você não fique triste com qualquer situação que você possa se encontrar hoje, finalizo o capitulo com uma frase que gosto muito: "As batalhas mais duras são dadas aos melhores soldados". Orgulhe-se de ser um soldado que ainda está na batalha.

CAPÍTULO **12**

O MUNDO VUCA

Ainda explicitando um pouco sobre o novo marketing jurídico e como o advogado moderno deve se posicional dentro do contexto pós pandemia (minha vontade era escrever pós calamidade mundial), é importante entender que não vivemos no mesmo mundo do que o de alguns meses atrás. Eu sei que essa frase é bastante clichê, mas essa é a realidade que nos foi empurrada, a "toque de caixa", goela abaixo. Sempre se falou "o mundo está em constante mudança", mas, desta vez, a mudanças veio rápida, forte e sem botão opcional de "quero" ou "não quero mudar". Todos foram obrigados a mudar, sem trégua, sem tempo extra de preparação e sem segundas chances. E para você que é um daqueles "profetas" que sempre diz "eu já sabia que isso ia acontecer": não, você não sabia. Ninguém sabia. Todo mundo foi pego de calças curtas e ninguém havia se preparado para uma doença que atingiu o planeta todo.

Mas é isso, o mundo não para e, por bem ou por mal, muda e evolui. O que era válido um tempo atrás já não faz sentido agora. Essa evolução constante sempre aconteceu e sempre acontecerá, felizmente. E, obviamente, nos últimos tempos, a pandemia ajudou o mundo a se reinventar e acelerar estas mudanças. Então, como avaliar qual o mundo que estamos vivendo agora? Amplamente divulgado até então, o conceito de Mundo VUCA, funcionava até breve, mas foi desbancado em função deste novo cenário pandêmico. Apenas para conceitualizar, Mundo VUCA era sigla para Volatility (Volatilidade), Uncertainty (Incerteza), Complexity (Complexidade) e Ambiguity (Ambiguidade) e que podemos classificar como uma caracterização do mundo pré Covid.

No cenário Covid + pós-Covid, a descrição de mundo hoje está sendo associada à sigla BANI. O acrônimo BANI significa Brittle (Frágil), Anxious (Ansioso), Nonlinear (Não linear) e Incomprehensible (Incompreensível) e mostra um mundo pós pandemia que tem cada vez mais capacidade de se renovar, onde cada peça não tem mais a estabilidade e segurança de outros tempos. Tudo pode ser remodelado em função de ideias, tecnologia, disruptividade e novos cenários econômicos e sociais. O "novo", neste contexto atual, dura pouquíssimo tempo e já está presente em nossa vida, sem percebermos.

> » Você já viu como diversas empresas e escritórios fecharam as portas na pandemia, por não terem se preparados corretamente? Fragilidade.
> » Você já viu como as pessoas estão desesperadas por saber o que vai acontecer em suas vidas pessoais e profissionais? Ansiosidade.
> » Você já viu como um planejamento feito para um longo prazo pode ser "destruído" por fatos alheios ao criador, como uma pandemia? Não linearidade.

» Você já viu como as pessoas estão perdidas com tantas fake news e mentiras diariamente sendo bombardeadas em todas as mídias? Incompreensibilidade.

Então, como entendimento conclusivo, o mundo BANI é a evolução do mundo VUCA.

CAPÍTULO **13**

IMPERABILIDADE INEXISTENTE

Comecei meus outros livros dando um "puxão de orelha" nos advogados que querem fórmulas mágicas e que não estão dispostos a se esforçar para buscar seus objetivos, como se na vida alguma coisa viesse sem dedicação e trabalho árduo.

E como eu não poderia deixar passar a oportunidade de ser chamado de chato, dedico este capítulo a finalizar o livro com mais uma bronca, que deve ser lida e absorvida apenas se você realmente acredita que depois da leitura desse material não tem muita coisa a fazer.

Pensando no nome deste capítulo, tenho que confessar que a palavra "imperabilidade" não existe. Ela foi inventada por mim com o único propósito de refletir uma ação que eu acho que ainda é a mola propulsora do sucesso para o advogado. Coloque um alfinete aqui pois em breve volto a isso.

Primeiro vamos conceitualizar essa nova palavra criada.

Imperabilidade é a força motora que faz com que a pessoa comande sua vida profissional da maneira necessária, independente dos desafios e esforços extras que isso lhe demande. É a capacidade de imperar sobre sua carreira de modo intenso e imediato, sem desculpas, aguardos e/ou possibilidades de prorrogação de prazos. Mais do que trabalhar, é reinar sobre a evolução profissional e suas etapas de crescimento, de modo proativo e antecipado.

Agora que conceitualizamos a palavra, fica fácil entender qual o enfoque que quero dar aqui e o porquê o título é o dúbio "Imperabilidade Inexistente", significando tanto que a palavra não existe, quanto o fato de que é exatamente isso que falta em muitos advogados. Retire então o alfinete do começo do capítulo e vamos lá.

Quem já não ouviu alguém falar, geralmente no começo do ano, a enjoativa "você sabe, o Brasil só começa depois do carnaval". Sendo muito sincero, esta é uma das frases que mais demonstra o quanto o brasileiro é despreparado para se tornar um profissional de nível internacional, principalmente porque ela é verdadeira. Sim, o brasileiro espera passar o carnaval (independente da data que caia) para começar a pensar nos projetos e resoluções necessárias. Outro dia estava conversando com um contato que veio da Alemanha e ele me disse: "Mas como assim? Vocês esperam 2-3 meses para começar o trabalho? Se o carnaval for em julho, vocês ficam sem trabalhar metade do ano?". Entre risadas (nervosas, para dizer a verdade) expliquei a ele que não era bem assim, mas que realmente o cenário da advocacia brasileira tem muitos e muitos e muitos e muitos e muitos e muitos e muitos profissionais que só começam a pensar em projetos depois do oba-oba de carnaval.

Veja que todo este meu discurso vai diretamente para aqueles que efetivamente tem esta postura. Também conheço muitos advogados que tem o mindset voltado para negócios e atropelam carnaval e feriados buscando seus objetivos. Mas infelizmente esse número é pequeno, comparado aos demais.

Matematicamente, se você colocar no papel todos os feriados, emendas de pontes, chegadas mais tardes, saídas mais cedo (geralmente para aquele happy hour esperto) aliadas a infame já comentada "o Brasil só começa depois do carnaval" e ainda a detestável "no final de novembro o Brasil já pára em função das festas", sobra-se nada para trabalhar seriamente. Se implementar uma advocacia de sucesso já é difícil, imagina com tempo reduzido. E aí vemos surgir mais uma frase de cabeceira: "não tenho tempo". Meu amigo alemão (comigo fazendo uma dupla) diria "espera um pouco. Você diz que sua prioridade é crescer como advogado. Mas tem tempo para sambar e não tem tempo para focar nas atividades que vão te trazer sucesso? Bist du verrückt!"

E veja que não sou eu quem está falando isso. Existem dezenas de estudos que mostram que um dos principais hábitos dos profissionais de sucesso (incluindo-se aí advogados de renome) é ter foco nas prioridades de sua vida, diminuindo a intensidade para outros tipos de ação. Isso significa que, se você não é porta bandeira de uma escola de samba, o "começar depois do carnaval" não deveria significar nada para você.

Agora seja sincero consigo mesmo. Se você ainda não está no patamar que deseja e tem objetivos para conquistar, entende que o trabalho, com foco, começa já no início de janeiro? Se sim, ótimo. Se não, você precisa aprender a ter imperabilidade, ou seja, controlar seu destino em termos de evolução de carreira. Ninguém vai fazer por você e todo minuto gasto na construção de seu sonho, serão horas de deleite quando finalmente perceber que todo o esforço extra compensou no final.

Se você conhece a teoria do "Moonshot" ("Tiro na Lua" em tradução literal), sabe que ela fala algo como "mire na lua e, mesmo que não chegue lá, terá ido tão alto que a tentativa já terá valido a pena". Ou seja, mesmo se você não conseguir chegar exatamente no patamar milionário auto imposto, terá realizado muito, pois simplesmente nivelou seu objetivo por cima e não pelo comum de mercado. Só que isso depende exclusivamente de você e de mais ninguém.

Sinceramente, não sei quais as ações que você precisa fazer para evoluir em seus objetivos. O que eu sei é que você tem que fazer, o que quer que seja, antes dos demais, melhor que os demais e com mais intensidade que os demais. E isso é uma certeza.

Imperabilidade é você nunca ser refém da situação profissional em que você se encontra. É nunca ser o carona, mas sim o motorista. É deixar de ser um mero protagonista para ser o escritor da sua história. É tomar as rédeas do cavalo mais selvagem que você jamais domou.

Imperabilidade é o seu futuro colocado em prática.

Bom crescimento!

GRUPO INRISE

Desde 2002 no mercado, o Grupo Inrise atua com duas frentes: a Inrise Consultoria, que ajuda advogados e escritórios a se estruturar e prospectar clientes eticamente, e a Inrise Recrutamento, que auxilia na busca de profissionais capacitados para trazer resultados ao negócio jurídico, seja em nível operacional, tático ou estratégico. Para conhecer mais sobre nossos serviços e apoio à comunidade jurídica, acesse: www.grupoinrise.com.br

QUEM SOMOS

As Editoras **LETRAS JURÍDICAS** e **LETRAS DO PENSAMENTO**, com 22 anos no mercado *Editorial e Livreiro* do país, são especializadas em publicações jurídicas e literatura de interesse geral, destinadas aos acadêmicos, aos profissionais da área do Direito e ao público em geral. Nossas publicações são atualizadas e abordam temas atuais, polêmicos e do cotidiano, sobre as mais diversas áreas do conhecimento.

As Editoras **LETRAS JURÍDICAS** e **LETRAS DO PENSAMENTO** recebem e analisam, mediante supervisão de seu Conselho Editorial: **artigos, dissertações, monografias e teses jurídicas** de profissionais dos Cursos de: *Graduação, de Pós-Graduação, de Mestrado e de Doutorado, na área do Direito e na área técnica universitária, além de obras na área de literatura e de interesse geral.*

Na qualidade de *Editora Jurídica e de Interesse Geral*, mantemos uma relação em nível nacional com os principais **Distribuidores e Livreiros do país**, para divulgarmos e para distribuirmos as nossas publicações em todo o território nacional. Temos ainda relacionamento direto com as principais **Instituições de Ensino, Bibliotecas, Órgãos Públicos, Cursos Especializados de Direito** e todo o segmento do mercado.

Participações em Feiras **Nacionais e Internacionais.**

NOVIDADE!!! O Autor (a) da LJ/LP terá uma página exclusiva para inserir sua biografia, fotos, vídeos e artigos de sua área e artigos em geral, para interagir com o leitor e ganhar maior visibilidade no mercado.

Na qualidade de editora prestadora de serviços, oferecemos os seguintes serviços editoriais:

- ✓ Análise e avaliação de originais para publicação;
- ✓ Redação, Revisão, Edição e Preparação de Texto;
- ✓ Assessoria Técnica Editorial;
- ✓ Cadastro do ISBN – CBL e SNEL;
- ✓ Ficha catalográfica – CBL e SNEL;
- ✓ Design e montagem da Arte de capa;
- ✓ Digitação e Diagramação de textos;
- ✓ Direitos Autorais: Consultoria e Contratos;
- ✓ Elaboração de sumários, de índices e de índice remissivo;
- ✓ Fotografia: Escaneamento de material fotográfico;
- ✓ Fotografia: Escaneamento de material fotográfico;
- ✓ Gráficas – Pré-Impressão, Projetos e Orçamentos;
- ✓ Ilustração: projeto e arte final;
- ✓ Áudio Books;
- ✓ Livros Digitais, formatos E-book e Epub;
- ✓ Organização de Lançamentos, eventos, palestras e workshops;
- ✓ Pesquisa Editorial CBL e SNEL.
- ✓ Peças Publicitárias - Banners, Cartazes, Convite de Lançamento, Folhetos, Marcadores de Página e peças em geral de divulgação e publicidade.

Nesse período a *Editora* exerceu todas as atividades ligadas ao setor **Editorial/Livreiro** do país. É o marco inicial da profissionalização e de sua missão, visando exclusivamente ao cliente como fim maior de seus objetivos e resultados.

"NOSSAS MARCAS MOSTRAM AS LETRAS DO FUTURO"

O EDITOR

A Editora reproduz com exclusividade todas as publicações anunciadas para empresas, entidades e/ou órgãos públicos. Entre em contato para maiores informações.
Nossos sites: *www.letrasjurídicas.com.br* e *www.letrasdopensamento.com.br*
E-mails: *comercial@letrasjuridicas.com.br* e *comercial@letrasdopensamento.com.br*
Telefone/fax: (11) 3107-6501 – 99352-5354